KARL JASPERS

Jeanne Hersch

Karl Jaspers

Tradução de Luis Guerreiro P. Cacais

Coleção Itinerários

Editora Universidade de Brasília

Com o apoio

FUNDAÇÃO ROBERTO MARINHO

Impresso no Brasil

Editora Universidade de Brasília
Campus Universitário – Asa Norte
70.910 – Brasília – Distrito Federal

Título original: *Karl Jaspers* de Jeanne Hersch

Direitos exclusivos da edição em língua portuguesa:

Editora Universidade de Brasília

EQUIPE TÉCNICA

Editores:
Lúcio Reiner, Manuel Montenegro da Cruz,
Maria Rizza Batista Dutra e Maria Rosa Magalhães.
Supervisor Gráfico:
Elmano Rodrigues Pinheiro.
Supervisor de Revisão:
José Reis.
Controladores de Texto:
Antônio Carlos Aires Maranhão, Carla Patrícia Frade Nogueira Lopes,
Clarice Santos, Fernanda Borges, Laís Serra Bátor, Maria del Puy Diez de Uré Helinger,
Maria Helena Miranda, Mônica Fernandes Guimarães, Patrícia Maria Silva de Assis,
Thelma Rosane Pereira de Souza, Wilma G. Rosas Saltarelli

Ficha Catalográfica
(Elaborada pela Biblioteca Central da Universidade de Brasília)

Hersch, Jeanne
J39.yh Karl Jaspers. Trad. de Luis Guerreiro P. Cacais. Brasília,
Editora Universidade de Brasília, 1982, c1978.
109p. ilust. (Coleção Itinerários)
Título original: Karl Jaspers.
1(430) J39.07h 141.32
t
série

SUMÁRIO

ADVERTÊNCIA

Este pequeno livro tem como objetivo servir de introdução à filosofia de Karl Jaspers.

Contém um breve esboço da vida do filósofo, uma exposição sucinta do seu pensamento nos diversos domínios a que se aplicou, e, a seguir, pequenos extratos das suas numerosas obras.

Os textos foram escolhidos e ordenados de modo que ilustrem as fases da exposição. Os números entre parênteses, que o leitor encontrará no fim de algumas das partes da mesma exposição, fazem referência aos textos numerados que vêm a seguir.

Cada texto vai acompanhado de uma referência à obra e página donde foi extraído. As referências concernem às edições seguintes:

- *Gesammelte Schriften zur Psychopathologie*, Springer Verlag, Berlin-Göttingen-Heidelberg, 1963.
- *Philosophie*, Springer, Verlag, Berlin-Göttingen-Heidelberg, 1956.
- *Introduction à la philosophie*, tradução francesa, Plon, Paris, 1963.
- *Der philosophische Glaube angesichts der Offenbarung*, Piper Verlag, München, 1962.
- *Von der Warheit*, Piper Verlag, München, 1947.
- *La foi philosophique*, tradução francesa, Plon, Paris, 1953.
- *Raison et déraison de notre temps*, tradução francesa, Desclée de Brouwer, Paris. 1953.
- *Les grands philosophes*, tradução francesa, Plon, Paris 1963.
- *Hoffung und Sorge*, Piper Verlag, Müchen, 1965.
- *La culpabilité allemande*, tradução francesa, Éditions de Minuit, Paris, 1948.
- *Von Ursprung und Ziel der Geschichte*, Fischer Bücherei, Frankfurt/Main, 1955.
- *Basler Universitätsreden*, cahier 60.

I. VIDA

DATAS PRINCIPAIS

Karl Jaspers nasceu a 23 de fevereiro de 1883, em Oldenburg, não longe da costa do Mar do Norte. Seu pai era diretor bancário, sua mãe de origem aldeã. Após ter estudado Direito durante alguns semestres, iniciou o curso de Medicina, que concluiria em 1909. Foi vários anos assistente da Clínica Psiquiátrica de Heidelberg. Após defender a sua tese em Psiquiatria, ensinou Psicologia na Faculdade de Letras da mesma Universidade. Desde 1921, ocupou uma cadeira de Filosofia, de que foi afastado, em 1937, pelo governo nacional-socialista e nela de novo reintegrado, em 1945, com a anuência das autoridades americanas de ocupação. Em 1948, aceitou o convite da Universidade de Basiléia, onde ensinou até bem entrada a idade da jubilação. Morreu em Basiléia em 1969; tinha 86 anos. (61)

GRANDES TEMAS

Estudos de Psiquiatria

Se Jaspers, sendo estudante, abandonou o Direito, é porque, então, apenas conseguiu ver nele o formalismo abstrato. A realidade social, aonde o Direito vai buscar o seu sentido, não tinha grande significado para ele nessa época e a sua vida lhe parecia um assunto exclusivamente pessoal. Escolheu então a Medicina, porque, esta, abrangendo as ciências naturais, tem o homem como objeto. Especializou-se em Psiquiatria, obedecendo a uma dupla necessidade essencial: a de conhecer o homem na sua realidade e tornar-se útil. Tornar-se útil no real.

Doença

Jaspers foi desde a infância e por toda a sua vida um homem doente. O diagnóstico feito quando ele tinha dezoito anos, previa, antes dos trinta, uma supuração geral que traria consigo a morte.

Jaspers habituou-se a ter em conta a sua doença em todas as decisões que tomava. Aprendeu a conviver com ela. Ele próprio prescrevia parcialmente a terapêutica a aplicar, seguindo-a com decisão e rigorosa disciplina. Para viver, tinha de renunciar a mil coisas, evitar todo o perigo, combater cada dia a doença, sem todavia se deixar dominar por ela. Para levar a termo uma obra, tinha de suprir as interrupções inevitáveis em seu trabalho por meio de uma concentração extrema. Jaspers cita um provérbio chinês: "É preciso ser doente para chegar a ser velho".

Casamento

Jaspers tinha vinte e quatro anos, quando encontrou Gertrud Mayer, que havia de tornar-se sua esposa e companheira de cada dia e de cada pensamento. Descobriu nela "a presença de uma alma clara", capaz de "o preservar de todo o conforto moral". A "seriedade inexorável" com que levaram a vida em comum, foi para a sua pesquisa filosófica uma fonte inesgotável de coragem e serenidade.

Encontro com a política e a história

Já antes da Primeira Guerra Mundial, Jaspers recusava-se sempre a participar em qualquer exaltação nacionalista. Sóbrio, desconfiava radicalmente de todo o espírito de conquista militar, optando obstinadamente por uma autêntica democracia parlamentar. Foi em 1931 que ele interveio pela primeira vez, publicamente, em matéria política: numa pequena obra, traçou um perfeito diagnóstico, moral e espiritual, da situação contemporânea.

Radical e profundamente perturbadora foi para ele a experiência de ver a pátria alemã transformada em nacional-socialista e criminosa, a descoberta dum horror de que jamais julgava os homens capazes e a indestrutível fidelidade de alguns até à morte. Casado com uma judia, viveu esses anos sob a constante ameaça da deportação e da morte. Desde 1933 fora-lhe retirado o direito de tomar parte na administração da Universidade; em 1937, o de ensinar; em 1938, o de fazer publicações. Em 1945, graças a uma indiscrição, foi informado de que seria deportado com a mulher, no dia 14 de abril. Ao ocupar Heidelberg, no primeiro de abril, os americanos puseram-no a salvo dos seus compatriotas, na sua própria pátria, onde não existia mais qualquer direito para proteger os cidadãos. O seu rompimento com o Reich radicalizara-se desde 1933. Durante a guerra esperava a sua derrota. Ao mesmo tempo, através da experiência da devastação, pôde avaliar, com uma evidência nova, como sua mulher e ele eram irrevogavelmente alemães. O que era então "a Alemanha"?

Quando Jaspers retornou ao ensino, em 1945, o seu primeiro curso teve como tema a culpabilidade alemã. A indispensável tomada de consciência e a conversão moral que isso acarretaria fizeram-no esperar uma profunda renovação política. Mas tal esperança depressa se frustou. Impossibilitado como estava de atuar diretamente por causa da sua doença, sentiu-se movido a aprofundar sua reflexão sobre os problemas fundamentais da História e do seu sentido. A filosofia política tornou-se a seus olhos, cada vez mais, uma parte essencial da Filosofia e, de algum modo, sua prova crucial. "Não existe filosofia sem política, nem sem efeitos sobre a política". (Autobiografia, p. 152).

A Filosofia em face das ciências

Desde os tempos de estudante, dos trabalhos de laboratório e da prática de psiquiatria clínica, Jaspers baseara sempre a sua reflexão filosófica e crítica nos processos e métodos científicos para esclarecer a natureza, condições, importância e alcance dos seus resultados. Mas foi, sobretudo, nos anos mais amargos, os do nacional-socialismo, que Jaspers e sua mulher "encontraram a calma, ao aprofundar o problema aparentemente mais abstrato e estranho para o mundo" (ibid. p. 158), o dos "métodos do pensamento em geral e, por meio deles, o do pensamento filosófico". Tratava-se, portanto, não só de explicar a racionalidade científica pela reflexão filosófica, como sobretudo de compreender, mediante tal esforço, o caráter específico do processo filosófico, com seu paradoxo fundamental: pensa-se em termos objetivos, mesmo que não haja objeto. Como é que esse processo poderia provar objetivamente a sua legitimidade? Jaspers fala então do fundo da sua dupla experiência: a da pesquisa científica e a da pesquisa filosófica. Inconsistente, vulnerável, ou até mesmo inútil para quem a julga objetivamente, a pesquisa filosófica só se justifica atualizada em seu próprio exercício. Ela torna fragmentária a racionalidade, mas isso não se realiza senão por meios racionais.

A Filosofia em face da religião

Elevando-se acima de toda a fé confessional, Jaspers havia de descobrir na filosofia e no profundo respeito religioso da sua esposa aquilo que ele chama "fé filosófica". Mas não nos enganemos: esta expressão não significa nunca um apelo ao "Deus dos filósofos", de preferência ao Deus "de Abraão, de Isaac e de Jacó". A fé filosófica, diz Jaspers, é "uma exigência inaudita". Nenhuma comunidade organizada dela se vale, nenhuma força social objetiva a apóia. Ela se impõe a partir de uma tradição filosófica, feita também de divergências e contradições. Quem a vive, ficará, no meio dos outros, entregue à sua solidão e precariedade, tendo como único apoio a claridade da convicção íntima e a permuta com os grandes filósofos do passado.

A verdadeira "pátria religiosa" de Jaspers, aquela donde ele tirou sempre com que revigorar a vida e o pensamento, foi a tradição filosófica, não só do Ocidente, como também do mundo inteiro. Nenhum filósofo produziu obra alguma sem se nutrir naqueles que o precederam. Mas esta relação parece, no caso de Jaspers, mais essencial, mais central e até mais pessoal. *Os grandes filósofos* do passado foram para ele mais do que amigos. Conviveu com eles. Discutiu com eles. Reverenciou-os. Foram para ele manancial, imperativo, norma. Senti-los, ao longo do estudo, cada vez mais inigualáveis, enchia-o de júbilo. Gostava de os admirar. Segundo sua expressão, os mais eminentes davam-lhe "a medida do que pode ser um homen". Com eles sentia-se "em casa".

Universidade

A visão universal que, para Jaspers, atravessa, sem eliminar, as particularidades, as diferenças, os conflitos, para atingir a própria existência do ser humano, se atualiza – ou deveria atualizar-se – principalmente na instituição, a seu ver privilegiada, que é a Universidade.

Jaspers tinha da Universidade o mais elevado conceito. Reverenciava-a, não certamente como ela era, mas em sua "Idéia", sua intenção, sua ética, sua significação. Falava dela com ardorosa gratidão, quase como Sócrates, em Platão, ao falar das leis. Por amor, criticava, sem piedade, os seus desvios e infidelidades. Era para ele o lugar por excelência que permite e favorece essa atividade estranha e precária, objetivamente vã e existencialmente decisiva, que é a Filosofia.

Não cessava de recordar os privilégios e, conseqüentemente, os deveres de um professor de Filosofia da Universidade: a sua total independência no ensino, no pensamento, na utilização de seu tempo; a beleza da sua função, a mais nobre que existe: despertar os espíritos para a sua existência possível, excitar neles o sentido e a exigência sem limites da verdade absoluta, jamais atingida, mas fonte incessante de rigor na caminhada através das verdades relativas. Neste ensino, liberdade, verdade, comunicação e trabalho conscienciosos, são uma e a mesma coisa.

A situação universitária permite e exige, ao mesmo tempo, presença e distância em relação aos acontecimentos contemporâneos e às opções que eles reclamam. Ao mesmo tempo, impõe aos mestres e alunos, pelo estudo da história de filosofia e leitura dos textos, a obrigação maravilhosa de viver cada dia em companhia dos maiores gênios filosóficos de todos os tempos.

Morte e escritos póstumos

Doente, desenganado pelos médicos desde o início da doença, Jaspers viveu ainda por longo tempo, demorando a morrer. A paixão com que cumpria a sua missão, não o largava. Quando, já no fim, se evidenciavam nele alguns distúrbios momentâneos de consciência, continuava a observá-los, a interpretá-los, a fazer diagnósticos sobre a sua natureza. A sua lucidez serena não se deixou nunca obscurecer.

A sua obra publicada é considerável, mas os escritos póstumos, em quantidade elevada, vieram mostrar que, nela, não está mais que uma parcela do que ele concebera. Uma obra considerável, mas apenas fragmentária. Assim havia de se apresentar à posteridade uma filosofia sempre em busca duma totalidade incessantemente fracionada, e que até neste malogro descobrira o ser do absoluto. (61)

PSIQUIATRIA

De 1908 a 1915, Jaspers trabalhou na Clínica Psiquiátrica de Heidelberg. Guardaria desses anos uma lembrança muito viva, atribuindo-lhes, ao longo de toda a sua vida, uma importância excepcional. Participava nas pesquisas de um grupo de estudiosos e porfiava, ao mesmo tempo, com os problemas práticos apresentados no trabalho clínico de cada dia. Estes problemas não eram apenas médicos, mas também sociológicos, jurídicos e médico-pedagógicos.

O campo da Psiquiatria achava-se então totalmente dividido e confuso. Jaspers tinha a sensação de viver num universo onde as teorias divergiam até ao infinito e se apresentavam numa desordem absoluta. Um dia atreveu-se a confessar num círculo de médicos: "Os psiquiatras devem aprender a pensar", o que provocou a réplica amigável de um professor: "Precisa de umas palmadas".

Jaspers descobriu pouco depois que a confusão resultava fundamentalmente da natureza daquilo que estava em discussão, o próprio objeto da Psiquiatria, isto é, o homem, não só nem principalmente o seu corpo, mas também a sua alma, a sua personalidade, o seu mesmo ser. De um lado, afirmava-se dogmaticamente que as doenças mentais são doenças de cérebro; do outro, que elas são doenças da personalidade. A Psiquiatria parecia estar desprovida das categorias indispensáveis às ciências humanas.

Psicologia explicativa, psicologia compreensiva

Em 1911, Jaspers foi convidado para escrever uma "Psicopatologia geral". Afora a sua experiência clínica, foi buscar à fenomenologia de Husserl o método descritivo, por ele chamado inicialmente "psicologia descritiva". Julgava ser possível e útil conhecer, como fenômenos de consciência, as experiências subjetivas dos doentes, experiências de que eles poderiam oferecer descrições claras, compreensíveis, identificáveis. A fenomenologia foi aqui utilizada como método científico. Por outro lado, Jaspers inspirou-se em Dilthey. Este havia contraposto à "psicologia explicativa" uma outra psicologia chamada "descritiva e analítica". Jaspers apropriou-se deste segundo método, dando-lhe um nome, que depois ficaria clássico, de "psicologia compreensiva". A distinção entre "*psicologia explicativa*" (*erklärende Psychologie*) e "*psicologia compreensiva*" (*verstehende Psychologie*) é hoje fundamental.

Para Jaspers, esta distinção é essencial, e não só em Psiquiatria. Aqui ela salvaguarda a pureza dos conhecimentos científicos, a autenticidade da relação médico-doente, o respeito pelo "outro" como "existência" sempre possível. Deriva também das descontinuidades essenciais que a sua filosofia pôs em evidência entre os diversos modos do englobante, essas cisões decisivas entre métodos e perspectivas dentro do saber objetivo, essas fissuras que, não permitindo "totalizações" e "absolutizações" ilegítimas, salvam o mundo ético e existencialmente "religioso" da liberdade. A "compreensão psicológica" estabelece o encadeamento dos fenômenos psíquicos, valendo-se, por exemplo, dos motivos. Graças à experiência subjetiva de quem compreende, poder-se-á notar como as impressões geram estados afetivos, os estados afetivos, expectativas, visões imaginárias, temores.

A "explicação psicológica", pelo contrário, estabelece um nexo de derivação causal entre a excitação de certos nervos e um movimento, alternância de memória e esquecimento, de fadiga e recuperação de forças etc.

Alguém afirmou que "a compreensão psicológica" também faz uso do nexo causal, mas que se trata, neste caso, duma "causalidade interna", enquanto a "explicação" recorre a uma "causalidade externa". Mas só esta última merece rigorosamente tal nome. "Causalidade interna" não passa de uma metáfora. A natureza do nexo é aqui totalmente diferente: trata-se duma compreensão "genética", por simpatia ou mimo, mediante a qual nos situamos no "próprio âmago" dos processos psíquicos. É aqui que "a psicologia" é específica.

Nos métodos "objetivistas" (que aliás desempenham um papel indispensável e possuem real valor) se se estuda, por exemplo, a memória, a percepção, a capacidade de trabalho etc., em suas relações com os dados fisiológicos, não se procura nunca "compreender". Considera-se, em geral, o mecanismo psicofísico como um ser sem alma e estudam-se as suas funções. Poder-se-ão obter deste modo, pela experiência e pela estatística, resultados exatos. Mas não se poderá *nunca* responder às questões levantadas pela psicologia compreensiva.

As duas orientações são legítimas. Mas têm fins muito diferentes. O erro se origina quando uma pretende tomar o lugar da outra e extrapolar seu domínio. No entender de Jaspers, a Psicanálise apresenta o defeito original de não as distinguir, tendendo mesmo a confundi-las, a ponto de as fazer indiscerníveis.

"Teorias"

Jaspers quis, sobretudo, denunciar os ensaios em que a explicação dissimula a falta de um verdadeiro conhecimento, particularmente as "teorias" que, em Psiquiatria, desempenham um papel importante e ambíguo. As teorias psicológicas, afirmava, são baseadas na analogia com as teorias das ciências físicas, mas nunca puderam atingir a mesma condição. Por quê? Em psicologia, não se pode falar de um saber que se desenvolva de forma contínua e possa conduzir a dados realmente determinantes dos fenômenos mentais. Nunca alguém pôde realizar em psicologia uma verdadeira pesquisa em comum, obedecendo ao método de verificação e refutação e rebuscando constantes exemplos contrários à hipótese, para chegar aos resultados das experiências definitivas. Em realidade, a Psicologia só mantém com as ciências da natureza meras analogias, relações metafóricas, sendo permitidas algumas verossimilhanças, mas ficando campo aberto para outras hipóteses, jamais rigorosas, jamais verdadeiramente verificáveis. A única atitude honesta é, portanto, a de preservar a abertura do espírito, buscando em cada teoria as probabilidades parciais que ela oferece à verdade científica.

Por isso, Jaspers, em sua "Psicopatologia", procurou recensear e expor sistematicamente as teorias existentes, apresentando-as como outras tantas tentativas de descrição, mais ou menos metafórica, do que como tal, estaria fora do horizonte do conhecível. Queria abarcar com o olhar a totalidade das "imagens" possíveis, sem se deixar prender por nenhuma. Não excluiu nenhum método, por pouco que ele servisse para manifestar algum dos aspectos do real.

Cada teoria, usando de métodos próprios, se esforça por compreender o homem em sua totalidade (mesmo se tratando de constituição, caráter, estrutura fisiológica ou unidade mórbida). Cada uma é mais ou menos fecunda, mas jamais a unidade alvejada é objetivamente apreendida. O homem permanece "inacabável" quer como consciência de si, quer como objeto da pesquisa do sábio. Ele é sempre mais que aquilo que sabe de si mesmo, mais que aquilo que outrem pode saber a seu respeito.

O fio condutor era, portanto, compreender os métodos como meios de avaliar o conhecimento e tornar clara a situação de fato da Psicopatologia.

Jaspers não se interessava pelos métodos e teorias senão na medida em que estes levavam a pesquisa a conhecimentos positivos. Não convinha falar de natação antes de deixar a margem. Só de passagem a diversidade das aproximações fazia surgir a diversidade dos chamados "fatos", "dados positivos". Mesmo então era necessário aprender a pensar.

Segundo Jaspers, é essencial para um médico que ele não perca nunca de vista a infinidade irredutível de cada ser humano e, conseqüentemente, o respeito que lhe é devido, nem mesmo quando este ser humano é psiquicamente doente. Não se faz o "balanço científico" de um homem. Todo o doente é ainda inesgotável e guarda seu mistério, seja ele a mais escassa possibilidade ou a mais frágil esperança.

Psicanálise

A partir desta inspiração inicial – e central – se pode adivinhar com que paixão e tenacidade Jaspers se opôs às explicações redutivas, monolíticas, tais como são, com freqüência, dogmaticamente usadas em Psicanálise. Merece referência especial uma conferência feita em 1950, "*Zur Kritik der Psychoanalyse*".

Freud, diz ele, tem a sua parte no desenvolvimento da ciência moderna. Fez revelações que, por seu turno, encobrem outras realidades. Abre perspectivas desprezadas até então, mas desemboca muito rapidamente em idéias simplistas ou até mesmo grosseiras.

Por certo, reconhece Jaspers, numerosos psicoterapeutas se servem dos métodos psicanalíticos sem se iludirem, sem reduzir a uma técnica o que será sempre "comunicação histórica" entre seres humanos.

Mas observa-se cada vez mais, no movimento psicanalítico, como um elemento de credulidade ganha importância e se reforça sem cessar depois de erros objetivos.

O erro principal provém da confusão entre *compreensão do sentido* e *explicação causal* (*"verstehende"* e *"erklärende" Psychologie*). *A causalidade* é alheia ao sentido; é captada de fora, à distância, como *outra coisa* que não ela. Permite intervir desde fora, oferecendo uma eficácia técnica. *A compreensão* não visa à eficácia técnica, apela para a *liberdade*.

A confusão entre ambas constitui culpa de lesa-liberdade. Objetiva-se, coisifica-se, rebaixa-se a liberdade. E, além disso, deixa-se fugir freqüentemente a possibilidade das causas reais, à força de querer compreender aquilo que não o é.

Todos os métodos psicoterapêuticos experimentam o sucesso e os reveses. O doente, feliz na altura da psicanálise de que alguém se ocupe dele, não fica por isso curado. Em Psiquiatria, não se evidenciam progressos espetaculares como aqueles que, em Medicina, alongaram a vida vinte ou trinta anos, no transcurso do último século, fazendo recuar a dor.

Certas interpretações das neuroses apresentam-nas como processos físicos ou como processos psíquicos concatenados segundo uma necessidade mecânica; sendo assim, elas são submetidas a critérios científicos e os seus erros podem ser demonstrados. Mas, na Psicanálise, entremeia-se uma espécie de fé, cujo conteúdo é assim explicitado por Jaspers:

1) Tudo quanto acontece ao homem ou no homem tem um sentido. Ora, quando se restringe este sentido a um único plano, absolutizando-o, totalizando-

o, recorre-se a uma "visão global" ("*Weltanschauung*"), onde tudo se transforma em símbolo, símbolo de tipo "traduzível". A partir de certos sintomas de histeria ou de outros distúrbios, estende-se a interpretação a todos os fenômenos mórbidos e à biografia completa. Desde então, as interpretações e contra-interpretações poderão se multiplicar até ao infinito. Os critérios do verdadeiro e do falso se perdem. Não há mais ciência.

2) Afirma-se que o método permite um conhecimento total da própria substância do homem antes da sua divisão em corpo e alma. Este totalitarismo exclui a ciência. A liberdade objetivada já não é liberdade.

3) A doença (não obstante o amoralismo de princípio) converte-se numa espécie de culpabilidade. Uma filosofia deformada, de conseqüências inumanas, altera o sentido da assistência médica.

4) Concebe-se, mais ou menos conscientemente, um estado humanamente perfeito que se chama saúde. Proclama-se a unidade do homem, da ciência, da medicina, mas, na realidade, trata-se duma "filosofia" implícita, turva e confusa, que exige que o verdadeiro senso crítico se submeta a "artigos de fé" duvidosos.

5) Disso tudo derivam conseqüências suspeitas: é freqüente o psicoterapeuta intervir ativamente em "decisões" que resultam aparentemente de uma cura psicanalítica (o divórcio, por exemplo, um compromisso revolucionário etc., apresentados como "saída" para um "conflito" espiritualizado).

Nestes fatores de "fé", existe, segundo Jaspers, uma verdade, mas sob formas deturpadas. É que para o médico (como para quem quer que tenha de lidar com o ser humano) a ciência aprendida e aplicada não basta. Entra em jogo a sua personalidade ética que conta até mais que a sua ciência. Esta é para ele um instrumento ao serviço daquilo que soube fazer de si, educando-se a nível filosófico e religioso. Jaspers cita as palavras de um psiquiatra: "Não se pode levar ninguém mais além do lugar onde se está". Ou ainda: "Quem apenas vê no casamento uma forma particular entre outras igualmente possíveis, não compreendeu nada ou quase nada a tal respeito, sendo inábil para o papel de higienista da alma". Mais: "Quem se desembaraça da fé religiosa como de uma sugestão ou ilusão, não devia ocupar-se da higiene mental".

Jaspers se pergunta se não haverá na Psicanálise, não obstante os resultados por ela obtidos no plano da readaptação social e profissional, uma fé pervertida, que vacilou e, por isso, se endureceu em seu fanatismo, barrando o caminho à conquista de uma verdadeira liberdade – a que nasce da relação com a transcendência.

Investe contra a corporação dos psicanalistas e, particularmente, contra a exigência da análise didática, onde vê um adestramento para a ortodoxia.

Compara o processo de análise didática com o dos *Exercícios Espirituais* de Inácio de Loiola: em ambos os casos, pensa ele, a verdade deve ser conquistada, não através de um claro saber apodíctico, sujeito aos critérios comuns (*allgemeingültig*), mas por um treinamento destinado a manipular a própria consciência. A análise didática imprime tão profundamente na consciência os elementos da sua crença, ligando-os à vida pessoal, que, em caso de sucesso, eles ficam ali definitivamente fincados, permitindo o ingresso do sujeito assim adestrado, como adepto, na comunidade "*ortodoxa*". Em caso de insucesso, será excluído. Para dizer a verdade – acentua Jaspers – não se fala nunca de obediência, mas é isso o que dissimuladamente se exige. Perde a qualificação quem ousar duvidar e pôr seriamente em questão o que lhe ensinam. Perde-a pelo livre exercício da razão.

Segundo Jaspers, a razão não pode então aceitar como digna de si uma tal "disciplina". O processo existencial, que tende a ver claro em si e a conquistar a liberdade, agindo interiormente sobre si, não se realiza adequadamente perante outrem, se este não lhe estiver ligado por uma comunicação existencial, que implica laços duradouros ao longo da sua vida e o devir de cada um dos *dois sujeitos relacionados*. Faltando isso, este processo deverá se consumar solitariamente, com a ajuda da tradição dos filósofos, dos poetas, dos sábios, – e não graças às técnicas de uma análise levada a efeito por um "experto". "Aqui", diz Jaspers, "não pode haver meias-medidas no julgamento". Não é mais questão de ciência unicamente, mas de razão e liberdade.

Ética do médico

Toda a medicina deve reduzir o saber científico e técnico ao seu papel instrumental e subordiná-lo aos princípios de conduta médica. *O outro* (o doente) não é para o médico um objeto de pesquisa científica, é uma pessoa na presença de outra pessoa também em devir. Que o médico seja esta "*pessoa*", é também condição de um espírito autenticamente científico.

Com efeito, segundo Jaspers, falar, de um lado, da personalidade do médico que não poderia deixar de desenvolver progressivamente sua maturidade moral e, do outro, do rigor do espírito científico, não significa justapor exigências contraditórias; muito pelo contrário, uma coisa é condição da outra. O espírito científico do médico não merecerá confiança se a sua personalidade não possuir firmeza e caráter. E a sua personalidade não levará a nada, se ele não dominar seus instrumentos. (1 e 2)

"FILOSOFIA"

A obra de Karl Jaspers é uma meditação racional nos confins da condição humana.

– Disse "*meditação*" e não "reflexão", "sondagem", ou "pesquisa", porque as operações do pensamento que tocam os confins, não concernem só a estes, mas também à "*existência*" de quem pensa, à sua maneira de ser um sujeito pensante e à sua possível liberdade.

– Disse "meditação *racional*", porque esta não se serve nem das experiências de ordem afetiva (emoções, sentimentos, aspirações), nem de uma Revelação, mas dos claros esforços da razão. Esta "razão" (*Vernunft*) se apresenta como algo ativo, incansavelmente tensa em direção a uma verdade que fica sempre acima das suas possibilidades.

– Disse "*confins*", porque, seja qual for o domínio em que o pensamento se exerce, ele irá até aos limites onde as condições de exercício desaparecem e o malogro o impele ao salto, seja de volta à sua origem, à existência, seja para além dos seus limites, à transcendência.

– Disse "*condição humana*", porque, aqui, o pensamento não esquecerá por um só instante que não é pensamento absoluto, de um sujeito absoluto, mas o pensamento de um ser humano *situado* no tempo e no espaço e, portanto, historicamente condicionado e comprometido. Revela-se assim *ao mesmo tempo* essencialmente ligado à relatividade do seu universo e votado ao absoluto pela sua origem e fim. (3-4)

Orientação no mundo

Objetividade. O homem, cuja consciência desperta, encontra primeiramente em todos os sentidos, em redor, uma dada realidade que ele chama mundo. Este mundo, receptáculo inesgotável de dados que se lhe impõem, de fatos que ele constata ao mesmo tempo que os outros homens, é o mundo que constitui de início para ele o conjunto de *tudo quanto existe, o ser*. Esforça-se por explorá-lo, por conhecê-lo tal qual é, em sua objetividade. Procura eliminar do seu conhecimento toda a particularidade ligada aos seus pontos de vista, à sua situação, aos seus interesses. O mundo é para ele o ser, justamente na medida em que não depende dele ou a ele se impõe como aos demais. Sendo assim, *a objetividade* é muito mais que uma exigência científica: ela possui um caráter ontológico.

Totalidade. Mas, justamente por este motivo, o homem que busca o ser na configuração do mundo precisa de encontrar *uma totalidade* que englobe todos os seres particulares que nele se apresentam. Historicamente, a questão: "que é que *existe?*", "o que é *o ser?*" é muito antiga. Voltados para o mundo que os rodeava, os pensadores responderam: é a água, o fogo, o ar; é a matéria, os átomos, a vida, o espírito... Mas cada uma destas respostas implicava a escolha de uma realidade particular do mundo, de um certo dado objetivo, para fazer disso "o ser". O pensador não escapa, não pode escapar a esta característica essencial da vida pensante: O *sujeito* que pensa encontra-se *em face* de uma realidade, a realidade-*objeto*, que se esforça por erigir em totalidade. Ele coloca-se, portanto, *fora* dessa pretendida totalidade. Mais ainda, a maneira como ele interroga o mundo acerca do ser, o método de pensamento de que se serve para obter uma resposta, suscitam no mundo descontinuidades insuperáveis, por exemplo: entre o inerte e o vivente, entre o vivente e o espírito.

Cisão sujeito-objeto. O pensamento humano, eterno prisioneiro da cisão sujeito-objeto, que ele mesmo cria e é, ao mesmo tempo, sua condição essencial, nem pode renunciar à totalidade nem alcançá-la. Uma totalidade que não fosse nem sujeito nem objeto, que englobasse os dois termos, única a merecer o nome de *ser*, escapa-lhe. É do fundo deste englobante inatingível que surge a cisão humanamente criadora do sujeito e do objeto. Mas, para o pensamento, ela é uma cisão insuperável. Se a objetividade – cujo sujeito devaneia quando trata de descobrir no mundo a totalidade do ser – está irremediavelmente ligada à subjetividade e dela dissociada, se o mundo, como totalidade, é assim negado, o pensamento é afastado para outra tarefa bem diferente. Perdida a esperança de atingir "o mundo em si", que seria o ser, o pensamento deverá esclarecer a *sua própria situação*, em relação à qual se constitui a objetividade do mundo. Ora, esta situação se esclarece pela própria experiência dos limites, contra os quais esbarra a busca da totalidade do mundo como suposta totalidade do ser.

Malogro de uma ontologia. O pensamento jamais descobre o englobante do ser. Este apenas desponta no insucesso dos limites. Pode dizer-se que a filosofia de Jaspers é uma tentativa que visa a tornar explícito aquilo que nos cientifica do ser e da nossa relação com o ser – o malogro de uma ontologia.

O sujeito acha-se, portanto, empenhado, não na descoberta de um mundo unificável, cuja totalidade seria o esperado, mas na de perspectivas descontínuas, irremediavelmente inacabadas e múltiplas. Como compreender, a partir daí, *o* que ele mesmo é e *onde* está em relação a um mundo assim fracionado? Em certo sentido, ele se encontra situado em qualquer parte do mundo que perscruta, pode fazer de si mesmo – do seu corpo e da sua consciência – objeto de estudo, conforme esta ou aquela perspectiva adotada em sua sondagem. A data do seu nascimento faz parte da cronologia geral da humanidade, da terra, do universo; o seu corpo ocupa um lugar do espaço comum, está composto de matérias químicas, tem peso como todos os demais corpos; a sua consciência obedece às condições psicológicas e sociológicas gerais. Mas, em outro sentido, é em referência a ele como sujeito que se articulam e estruturam as múltiplas perspectivas do mundo. É o ponto de onde ele observa e o momento em que pensa que conferem às perspectivas aquela coerência, graças à qual a palavra "mundo" tem um sentido.

Desta sorte, as leis gerais que o sujeito consolidou, orientando-se através das múltiplas perspectivas descontínuas do mundo, e a que, como particular, se acha também subordinado, se unem nele, visto ser ele que as pensa e conhece. Mas, enquanto as pensa e conhece, ele deixa de ser um caso particular dessas leis gerais. Em contraste como o abstrato da lei, ele é *o cada vez único (das jeweils Einzige)*.

O sujeito procurou, antes de tudo, *orientar-se no mundo (Weltorientierung)* a fim de se situar na totalidade. Mas a totalidade se perdeu na multiplicidade das perspectivas inacabadas. O mundo fracionado faz que o sujeito se vire para si, na qualidade de único concreto, para que *esclareça a própria existência* (Existenzerhellung). (5 e 6)

Esclarecimento da existência

O termo "*existência*" não tem o mesmo sentido para todos os filósofos que já nos habituamos a identificar – muitas vezes contra a sua vontade – como pertencentes ao movimento de pensamento chamado "existencialismo" ou "filosofia da existência". Daí resultaram não poucos mal-entendidos. Tentemos compreender o que este termo significa em Jaspers.

Em primeiro lugar, a existência não pertence à ordem dos fatos, mas da *liberdade*. Eis porque Jaspers fala de preferência da "existência *possível*". "Esclarecer a existência" não é adquirir um saber, mas suscitar a liberdade, aumentar as suas possibilidades, levá-las a uma atualização autêntica. É submeter a uma crítica restritiva os dogmatismos de todo o gênero que pretendam abafá-la sob sua apodicticidade, sua universalidade, exclusivismo e univocidade das suas evidências ou certezas. É também fixar à existência a sua verdadeira natureza, seu sentido, seu objetivo, impedi-la de pretender uma universalidade impessoal ou de ceder aos caprichos do arbitrário.

Métodos e linguagem indireta. Ora o pensamento que visa a esclarecer a existência, não pode ser senão "existencial", e, portanto, profundamente diferente daquele que, buscando orientar-se no mundo, racionaliza a experiência por meios de leis e teorias. O pensamento existencial não dispõe de evidências racionais. O que ele afirma não é impessoalmente evidente, por uma razão bem simples: fala daquilo que não é objeto. Não tem, portanto, a possibilidade de o mostrar, ali em frente, a outrem. Nem dispõe de provas, nem de verificações, nem de revelações. Além disso, é incapaz de instilar o sentido do que afirma no pensamento de quem antecipadamente não "conhecer" aquilo de que se fala. Para quem nega a existência possível, as afirmações do pensamento existencial não têm qualquer sentido. Por vezes parecerão tê-lo. Mas, freqüentemente, este sentido se perde, nos desconcerta ou se esconde num equívoco.

Jaspers diz "esclarecer" para deixar bem acentuado que não se trata de "conhecer" a existência. Aqui os métodos são indiretos. O pensamento opera com pseudo-objetos, pretextos, que deverão desaparecer para deixar claro o sentido.

Multiplica as aproximações e os métodos, para que nenhum deles se imponha. Estuda as vias negativas. Provoca experiências de insucesso. Ao fim, não se "sabe" mais nada.

Por que tudo isso? Porque o esclarecimento da existência não visa justamente a um saber, mas a uma conduta, a uma decisão, a um ato de presença da liberdade.

O incondicionado e a transcendência. Se o conhecimento de quem procura orientar-se na objetividade do mundo se submete às condições da verdade necessária ou apodíctica (*zwingende Wahrheit*), a existência possível, essa, única, concreta e concretamente situada, se enraíza numa verdade diferente: o absoluto ou, se se prefere, o incondicionado (*das Unbedingte*).

Evidentemente é possível hesitar, tergiversar, quando se trata de descobrir o caminho mais apto a produzir um certo resultado. Movemo-nos dentro do relativo, da maior ou menor eficácia. Mas, quando um ato arrisca o essencial, a razão de viver, a fidelidade sem a qual nada mais tem sentido, só então a existência possível se atualiza e se pode falar de liberdade.

Todavia, uma tal existência, uma tal liberdade, nunca podem ser reivindicadas nem possuídas. Não podem servir de argumento nem de justificação, quer a nível social, que a nível da razão comum. Podem ser vividas, não constatadas. Ao nível da "palavra" esta existência é apenas "possível".

Esta medida do absoluto – a da existência possível – é a que dá sentido a tudo o que é relativo e forma o tecido temporal da vida.

É necessário compreender aqui a relação que existe, segundo Jaspers, entre o temporal e o transtemporal ou eterno. O eterno não é a totalidade do tempo. Tampouco está separado do tempo. O eterno foi atingido por uma brecha do tempo que dá ao instante seu peso de absoluto. Não é um mais além, nem duração, nem algo estranho à História. É, no tempo, aquilo que transcende o tempo. Jaspers chama-o *transcedência*. Mais tarde chama-o, por vezes, Deus.

A existência não é possível senão em face da transcedência. A transcedência não tem sentido senão pela existência. O absoluto projeta-se no tempo pelo ato livre, historicamente situado no seio das realidades empíricas e das circunstâncias particulares. Mas este ato tem outra origem e o seu verdadeiro lugar está alhures.

A existência como possível liberdade não se criou a si mesma. Ela é para si mesma uma dádiva da transcedência. O fato de o homem partilhar, pela sua liberdade existencial, do absoluto, não lhe dá nenhuma autosuficiência. Pelo contrário. A liberdade vive da dependência em relação à transcedência, que é sua origem. A dependência do absoluto libera-a das necessidades relativas. Sartre pensa que, se Deus existe, não existe a liberdade humana. Para Jaspers, é o contrário: sem vínculos com a transcendência, não existe liberdade.

A partir da certeza eterna do "eu sou", à qual, todavia, não pode atribuir qualquer conteúdo objetivável, a existência é fonte de sentido e de atos incondicionados. Assim, por exemplo, quando Giordano Bruno preferiu a fogueira à negação de uma evidência totalmente científica e racional, a sua escolha não foi racional, mas, na verdade, existencial. Se o homem podia *saber* o que é o eu, o sujeito, como conhecia as realidades objetivas, saberia igualmente o que são a verdade e a evidência. Mas verdade e evidência perderiam logo o seu sentido como valores, como convicções existenciais, – falta de liberdade.

Situação e situações-limites. Retomemos às noções de "situação", e de "situações-limites". Jaspers chama "*situação*", no sentido existencial do termo, ao contexto concreto, espacial e histórico, onde se encontra o sujeito. A sua existência possível não pode nunca ser encarada ou prevista de um ponto de vista abstrato, no vazio, como se o exercício da liberdade fosse sempre idêntico, em qualquer circunstância, lugar ou tempo, numa sucessão histórica qualquer. A existência, não sendo generalizável, defronta-se, de um lado, com o absoluto da transcendência e prende-se, do outro, a uma situação singular, *hic et nunc*. Quer isto dizer que uma liberdade existencial que se julgasse total, como se ela fosse o começo absoluto em meio de um vazio com a maleabilidade do nada, estaria totalmente errada acerca das suas condições e da sua natureza.

A existência não só se acha sempre *situada* de forma singular, como está também irremediavelmente presa a um certo número de condições primárias, que ela não escolheu, mas deve, não obstante, assumir. Jaspers chama a estas condições, que nenhum ser humano pode escolher, mas às quais, por meio da existência, há de dar um significado, *situações-limites*. Assim, ninguém pode escolher pessoalmente em que época, em que meio, de que progenitores há de nascer. O nascimento, com suas determinações singulares plenas de conseqüências, é uma situação-limite. A morte é outra situação-limite a que ninguém escapa. O mesmo se diga do sofrimento: por muito feliz que pareça a vida do ser mais privilegiado, este não escapa à condição temporal, o que significa que tudo quanto ele ama, tudo o que desfruta, sem exceção, leva em si a marca do efêmero e está condenado a perecer.

Estas "situações-limites" não são assim designadas, como se poderia crer, porque, sendo inelutáveis, limitam a liberdade. Não, em Jaspers, elas estão longe de possuir uma função puramente negativa e de prejudicar a existência possível, impondo-lhe uma difícil passividade. Ao contrário: a existência procura a experiência das situações-limites, esforçando-se por aprofundá-la até lhe encontrar um sentido que a reintegre a ela em sua autenticidade. Com efeito, a existência não se atualiza na abstração vazia de um meio indeterminado ou num momento qualquer do tempo. É nas situações e, conseqüentemente, limitada pelas determinações do concreto, e do histórico, que a existência é possível. E é tendo consciência bem clara daquilo que ela não pode mudar, e opondo-se à resistência das situações-limites e graças a elas, reconhecidas como condições primordiais, que a liberdade se pode concretizar.

Deste modo, as aspirações a uma liberdade total, a um domínio total da vida e das suas condições, não são mais que evasões diante das condições reais da existência possível, que são aquelas que permitem fazer verdadeiras escolhas e assumir verdadeiras responsabilidades. Ao pretender uma liberdade total para a condição humana, o homem, com seus excessos, escamoteia os verdadeiros possíveis de uma liberdade que as situações-limites restringem e estruturam. Instiga a evitar a liberdade real e concreta sob a ilusão de uma liberdade sem fronteiras. É o infinito devorando o absoluto. Com efeito, o homem não encontra o absoluto senão através das situações-limites, *hic et nunc*.

Interessa compreender bem, de uma forma geral, qual a importância que tem para Jaspers a noção de "*limite*". É de uma importância decisiva. Quando ele fala de limite, não se trata nunca de um limite provisório, suscetível de ser transposto. O termo possui para ele um valor definitivo: todo o limite merecedor de tal nome é essencial para a condição humana, pois a determina e estrutura; é, por definição, intransponível. Em compensação, todo o limite implica a idéia daquilo de que separa, do que fica mais além. É limite, justamente porque nem tudo fica aquém dele. Mais: é limite só para quem tenta transpô-lo, para quem tende para o que está *do outro lado*. Por isso, não se trata de uma noção estática que descreve um espaço objetivo. Indica um obstáculo encontrado por um sujeito. Só em relação a este adquire o verdadeiro sentido de limite, porquanto se opõe, como obstáculo, ao seu desígnio existencial.

Um obstáculo humanamente definitivo, implicando aquilo que impede de alcançar, oposto a uma subjetividade que o desejaria transpor, tal é o limite em Jaspers. Limite é o lugar de um *malogro*. Fracassa aí a existência. Mas, no fracasso, ela distingue o que está mais além do limite: a transcedência.

Deste modo a finitude humana não representa, de forma alguma, o empobrecimento, ocorrido após o revés, de um ser fundamentalmente talhado para o infinito. Pelo contrário, a finitude faz com que o ser humano seja humano: livre e prisioneiro das situações-limites, chamado à transcedência e votado ao fracasso, – livre por, e em seus limites, conhecedor da transcendência por seus malogros. Mas poderíamos também inverter os termos: possui limites só porque é livre, vive o fracasso só porque tem sede da transcendência.

A existência se perde, quando abdica diante das necessidades empíricas, dos determinismos físicos ou psicológicos. Mas se perde também, quando aspira a libertar-se da sua situação e das situações-limites, quando crê possuir, conhecer ou viver a transcendência sem o insucesso. É claro que a experiência mística existe. Mas é uma experiência pontual em sua brevidade, que devolve no mesmo instante o sujeito à sua finitude existencial, condição da humana liberdade, à qual fora arrancado por um momento.

Comunicação. Até agora apenas se tratou do ser humano isolado, situado no mundo, com suas determinações, sua liberdade possível, seus limites e o mais-além da transcedência. Mas, segundo Jaspers, o ser humano é, por essência, um ser que busca comunicar-se com outrem. A *comunicação* é, no seu pensamento, uma noção tão central quanto a da existência, da qual, aliás, não pode ser separada.

Jaspers distingue, em primeiro lugar, duas espécies de comunicação. A primeira é a que permite aos homens coordenar a sua ação no mundo, onde se desenrola a sua comum experiência, onde se alimentam e lutam pela sobrevivência, ao nível prático da realidade quotidiana. A clareza das palavras provém aqui da univocidade dos dados objetivos em questão. O terreno comum à pluralidade dos sujeitos é a realidade empírica tal qual ordinariamente é percebida. A comunicação é tanto mais bem-sucedida quanto mais as particularidades pessoais – históricas, existenciais – são postas fora de jogo e os interlocutores se identificam com um assunto qualquer, anônimo e impessoal.

Existe um gênero de comunicação análogo na ciência. Nesta, ela se realiza também a um nível impessoal, mas o terreno comum é diferente: é o da *consciência em geral* (*Bewustsein überhaupt*). A universalidade, a apodicticidade, a evidência possuem, nas ciências, uma validade geral e não um valor absoluto. Jaspers contrapõe a *validade geral* (*Allgemeingültigkeit*) ao *absoluto* (*das Unbedingte*). Com efeito, a validade dos enunciados científicos impõe-se a todos os espíritos normais, mas nunca como um imperativo absoluto. Pelo contrário: esta validade é sempre *relativa* a um ponto de vista, um corte do real, uma aproximação metodológica, dos postulados implícitos ou previamente escolhidos.

Tanto na comunicação "prática" do viver quotidiano, como na comunicação científica, os sujeitos do diálogo jamais se acham pessoalmente comprometidos. Não comunicam entre si aquilo que eles mesmos são, mas só dados objetivos, exteriormente válidos. Para dizer a verdade, trata-se mais de *transmitir* um conhecimento do que de *comunicar* realmente (*Mitteilung* mais que *Kommunikation*).

A verdadeira comunicação é outra coisa. É a *comunicação existencial*, a de uma existência que procura comunicar-se com outra. Neste caso, não é mais a realidade empírica, nem a validade geral que conta, é a existência, os seus possíveis, a sua verdade, a sua situação, o seu enraizamento, o seu absoluto. Mesmo que, aparentemente, na conversa se usem dados objetivos, estes são apenas meios de expressão, uma espécie de prova a que uma existência submete a outra e, através da qual, ela própria se questiona.

A comunicação existencial está tão longe da objetividade impessoal, empírica ou racional, como de uma vontade de poder impulsiva, pela qual o sujeito procurasse dominar os outros. A consciência em geral se move entre evidências, ao passo que a existência conta só com convicções. A consciência em geral dirige-se à racionalidade impessoal do outro, prova, demonstra, verifica, impondo assim a validade universal do seu saber. A existência, essa, vive para as duas convicções e, às vezes, morre por elas. Confunde-se com estas e deixará de ser existência, se as perder. Mas elas são de tal natureza que, na hipótese de a existência as impor pelo exercício de uma racionalidade necessária, elas perderão, pelo mesmo fato, seu sentido e verdade. Com efeito, essas convicções só possuem sentido e verdade pela existência enquanto livre, e todo o constrangimento, seja físico, seja lógico, bastará para as adulterar.

Sendo assim, só as evidências gerais, que não comprometem a existência, que subsistem independentemente dela e a deixam, em suma, indiferente, são univocamente comunicáveis. As convicções que comprometem a existência com o absoluto na vida e na morte, não são comunicáveis senão através duma permuta privada de objetividade, para a qual a liberdade – e, portanto, a resistência – do outro e na sua irredutível alteridade constituem, ao mesmo tempo, o obstáculo permanente e a condição indispensável. Jaspers chama a esta permuta "combate fraternal", – literalmente: combate amante (*liebender Kampf*).

É realmente uma luta, pois se trata de comunicação de existência a existência, portanto de relação eficaz entre dois absolutos. É uma luta "amante", porque o que a existência busca, não é a sua vitória. Não pretende forçar o outro a confessar-se vencido, mas, ao contrário, fazê-lo existir por aquilo que o faz viver, e existir também ela por aquilo que faz viver o outro. Só que, como cada existência não é ela senão pelo absoluto que lhe é próprio, a sua resistência ao outro é tão absoluta como a sua abertura. É ela a própria parada desta luta.

Verifica-se que o "combate fraternal" da comunicação está muito longe, no pensamento de Jaspers, daquilo a que se costuma chamar "tolerância". A "abertura" da existência não é "abertura de espírito". A existência não se abre a "idéias" que justaporá pacificamente às suas. Ela abre-se a outra existência, ao absoluto que a faz viver. Faz mais do que abrir-se: ela tenta, mima, luta, porque é seu próprio absoluto que está em causa, no encontro com o absoluto do outro. É por isso que, afirma Jaspers, a "comunicação" existencial é um combate sem reservas mentais, sem restrições e sem considerações, precisamente porque é "amante", porque está em jogo a existência do outro que atualiza a minha.

Nesta luta trata-se, em realidade, da verdade. Esta tem seu suporte na transcendência, em face da qual, em direção à qual se desenvolve a luta. Esta verdade, existencial e transcendente, é que apóia e sustenta a verdade necessária da ciência, diante da qual parece, todavia, tão despojada e precária. É a verdade existencial que mantém no investigador científico a sede de uma evidência impessoal e a ascese anti-subjetiva. É o sentido e a necessidade de uma verdade absoluta que sustém e valoriza a conquista progressiva das verdades parciais e relativas do saber objetivo.

Ciências humanas e existência. A comunicação existencial não transmite nenhum saber, pois visa à existência em sua relação com a transcendência e nem a existência, nem a transcendência são realidades objetivas. Como já vimos, Jaspers fala de "esclarecer" a existência, do seu "*esclarecimento*" (*Existenzerhellung*). Todavia, é preciso compreender que tal "esclarecimento" não é redutivo: não se limita a reduzir à objetividade esta zona ou aquele aspecto da existência. Pelo contrário: ele revela a sua irredutível profundidade, tal como um raio de luz ilumina o fundo escuro de um poço.

Assim como o malogro de uma ontologia nos diz alguma coisa da transcendência, também a insuficiência de todas as ciências do homem nos revela alguma coisa da sua existência. O homem pode ser objeto de numerosas e diversas pesquisas que poderão acumular um considerável saber. Contudo, o homem é sempre mais do que aquilo que dele podemos saber, mais do que aquilo que ele pensa saber a seu próprio respeito. Desde o momento em que constitui objeto de uma determinada ciência, ele já não é o mesmo como existência, como liberdade existencial. Essencialmente irredutível à totalidade das disciplinas que o tomem por objeto de estudo, tal como o mundo é irredutível à soma das ciências da natureza, o homem é como o mundo, o que Jaspers chama "*um englobante*" (*ein Umgreifendes*). (7 a 17).

Ao nível do conhecimento, cada objeto há de ter uma causa. Nas diversas ciências humanas, buscam-se, portanto, as causas dos fenômenos físicos, psíquicos, sociais, que compoêm a vida dos seres humanos. Entretanto, a liberdade existencial não possui nenhuma causa. Tampouco vem do nada. Também não é uma autocriação do homem. Pelo contrário, como já vimos, é da essência da existência possível, portanto da possível liberdade existencial, apreender-se não como produzida, mas como *oferecida*, à maneira de dádiva. Não possui uma causa, mas sim uma *origem* (*Ursprung*). Essa origem é a transcendência.

Metafísica

Ao esclarecer a existência, o pensamento se esforça por conhecer a origem dela: a transcendência. É a esta tentativa que Jaspers chama "*metafísica*". O "pensar" metafísico é um pensar surpreendente.

Visto que este pensamento visa à transcendência e que a transcendência, sendo o englobante do sujeito e do objeto, não pode ser tomada por objeto, Jaspers se encontra aqui numa situação análoga à de Kant, que tentava conceber o númeno do qual nada mais se pode saber senão que é impensável. Impensável por essência, por definição constitutiva e, acrescentaria, por função. Para compreender Kant neste caso, seria preciso concordar em segui-lo, seja no correr das frases que parecem contradizer o seu intento essencial, seja através das palavras que ora designam uma coisa, ora outra e, por vezes, até o contrário daquilo que conviria entender. Assim, a expressão "*coisa em si*" é, no conceito kantiano, uma contradição nos termos: o "em si" não pode ser em nenhum caso "uma coisa". Mas o que a linguagem, pela violência que lhe é feita, deve fazer compreender é justamente tal impossibilidade.

Jaspers faz o mesmo. Não podia deixar de fazê-lo. Vejo apenas nele dois aspectos diferentes. O primeiro é que esta dificuldade insuperável se torna um dos termos da sua "reflexão" metafísica, ao passo que Kant se debateu sempre com ela sem nunca – ou quase nunca – a tematizar. O segundo é que o método de exposição de Jaspers é menos estaticamente lógico que o de Kant. É itinerante, avança. Conduz o leitor por vias múltiplas até ao ponto em que não só constata a impossibilidade lógica, como também *faz a experiência* do limite e do malogro. Jaspers recorre constantemente à via negativa (*via negationis*), uma via que exige empenho constante, que é necessário realmente seguir e cujas operações intelectuais é forçoso levar progressivamente a termo. Se a existência for efetivamente posta em jogo nestas operações, então a experiência do limite lhe *revelará* algo da transcendência. Esse o "pensar metafísico".

Deus oculto. À transcendência Jaspers chama-a, por vezes (mais freqüentemente nas obras tardias), Deus. Mas é um Deus oculto (*deus absconditus*), que não se revela. A transcedência não tem absolutamente nada do ser empírico, do qual nos podemos perguntar se é real – onde? quando? Esta pergunta não teria sentido. A transcendência é o ser, o englobante absoluto. Humanamente ela só é real para a existência. Isto significa que a sua presença é vivida, atuada, mas não conhecida. Vivida e atuada na medida em que, por ela, a existência fica absolutamente comprometida. Nenhuma certeza objetiva é possível, quando se trata do fundamento absoluto de toda a certeza, daquilo que dá sentido à certeza como tal. A pergunta: Deus existe? Não tem sentido a partir do momento em que Deus é a transcendência do ser, condição de que depende o sentido de qualquer interrogação sobre a existência. De duas uma: ou a pergunta é feita a partir da transcendência do ser, e a resposta não pode ser outra senão uma tautologia afirmativa, ou então é feita ao nível da realidade empírica, e a resposta não pode ser outra senão uma negação que desconhece o que nega.

Se o conhecimento empírico ou científico não descobre nunca a transcendência, se esta é apenas sensível – mas inacessível – à existência, se não se pode falar a seu respeito senão negativamente ou descobri-la senão nos limites, pela experiência do malogro, tudo isso parece supor, para além do "mundo" empírico, outro "mundo", um mundo separado, essencialmente diferente, que seria o do "ser transcendente". Mas isso constituiria o mais grave dos equívocos. Jaspers gostava de repetir nos seus cursos, fosse a propósito das Idéias de Platão, dos númenos kantianos ou de sua "transcendência", que não existe outro mundo, que existe somente um. Em realidade, a oposição entre dois mundos que sobrepõe um, "superior", àquele em que se desenvolve a nossa vida empírica, é radical apenas em aparência. Atribui ao "outro mundo" uma realidade análoga à do primeiro: uma realidade "de fato", mas separada do primeiro por uma espécie de "espaço" que seria comum a ambos.

Ora acontece o inverso. Comparada à realidade empírica, a transcendência é ontologicamente tão *diversa* que se torna impossível não só mostrá-la como demonstrá-la, não se podendo dizer nada a seu respeito em linguagem direta. Em compensação, *ela não está separada* da realidade empírica, pois é dentro dessa realidade que a existência se situa e se encontra com as situações-limites, e é nela, não alhures, que a mesma se atualiza na sua unicidade, se compromete, assume e decide. É da realidade empírica, e não do outro lugar, que a existência haure, se não o conhecimento da transcendência, pelo menos os sinais que dela falam e a que Jaspers chama *cifras* ou *escrita cifrada* da transcendência. Já falamos de um desses sinais, devido ao seu papel privilegiado: a experiência do malogro.

Escrita cifrada. Impossível dizer qual o espetáculo da natureza, qual a experiência psicológica ou comportamento humano, qual a obra-de-arte, qual o pensamento ou palavra da linguagem é cifra ou não. Nada o é, mas tudo o pode ser. As cifras, com efeito, só falam da transcendência à existência, à liberdade portanto. Nunca lhe imporiam este ou aquele sentido transcendente. Assim como a existência, a nível do sujeito empírico, não é ainda mais que uma virtualidade, assim também um ou outro dado empírico só recebe sua eficácia de "escrita cifrada" de uma existência que a "decifra", atualizando-se em sua liberdade por um compromisso absoluto.

Um tal conceito une a maior precariedade à mais elevada exigência. Nenhum livro consagrado se encontrará, com efeito, como sendo "a Escritura", nenhum terá uma autoridade objetiva. Nenhuma autoridade objetivamente estabelecida poderá tampouco sancionar esse livro, nem pretender impor a outrem a interpretação de uma escritura cifrada, seja ela qual for. As cifras e a sua interpretação só poderão ser *propostas* à existência.

Contudo, a referência às cifras não pode ser questão estritamente individual, já que a existência implica comunicação com outra existência e que esta comunicação implica relação à transcendência. Quer isto dizer que a verdadeira comunicação existencial se concretiza pela leitura das cifras e o cotejo desta leitura, que não deixa a existência de lado, mas, ao contrário, a supõe, a compromete absolutamente, atualizando-a neste compromisso.

As linguagens cifradas são inumeráveis. Um espetáculo da natureza, uma obra-de-arte, a fidelidade humana, a cólera santa, uma palavra, um gesto, um pensamento.

Ambigüidade. É grande, entretanto, a ambigüidade de tais linguagens, ambigüidade ao mesmo tempo inevitável e necessária. Inevitável, porque se trata da transcendência. Necessária, porque elas falam à liberdade: sendo unívocas, reduziriam a liberdade à impessoalidade da "consciência em geral". O absoluto da leitura exige tal ambigüidade. Certamente, aqui como sempre, o absoluto, que transcende a coerência racional no empenho existencial implícito, corre constantemente o risco de ser confundido com o arbitrário descontínuo das violências afetivas e das incoerências psicológicas.

Toda a linguagem cifrada se mantém de algum modo em suspenso (*"in der Schwebe"*) entre duas interpretações opostas. Uma se arroga a univocidade impessoal do discurso dirigido à "consciência em geral" (*Bewusstsein überhaupt*); atribui à cifra um valor lógico necessário ou então a certeza de um dado de fato. A outra se reserva a gratuidade vacilante, maleável, total, dos sonhos, de modo que a existência já não está ligada a nada determinado. Em ambos os casos, para a existência, a linguagem cifrada perde a sua eficácia transcendente.

Se autêntica, esta linguagem cifrada não se deixa "traduzir" em "linguagem ordinária": isso equivaleria a separar o símbolo do simbolizado. Pretender-se-ia então colocar a cifra de um lado e a transcendência do outro, – mas a transcendência, não se identificando com a cifra, é, no entanto, por seu intermédio que se manifesta. Segundo Jaspers, ler uma escrita cifrada é, mesmo na plena lucidez da consciência, manter-se dentro de uma simbólica inconsciente. Analisar conscientemente uma simbólica determinada, como faz, por exemplo, o etnológo, não é, de forma alguma, o que Jaspers chama "ler escrita cifrada". Esse tipo de interpretação nem sequer aflora a simbólica inconsciente, deixa-a de lado.

Entretanto, a própria ambigüidade das cifras é também ambígua: a verdade é que a interpretação autêntica não tem aqui fim, e nenhum saber definitivo poderá pôr termo às possibilidades sempre novas da existência situada, à qual se dirige a escrita cifrada; mas também é verdade que a existência situada, aplicando-se a uma "leitura" verdadeira, receberá da escrita cifrada *uma* instância absoluta, incondicional. Esta leitura, diz Jaspers, é "ação interior" (*"inneres Handeln"*), um processo pelo qual cada um decide o que quer ser e se torna ele mesmo, e que é, ao mesmo tempo, escuta da transcendência.

Deste modo, contrariamente àquilo que muitos críticos pensaram, a transcendência não representa, de forma alguma, uma linha de evasão para fora do mundo concreto da experiência. Ao contrário: é por causa dela e voltada para ela, que o sujeito se aventura na realidade sensível do presente, na ação efetiva, com suas vitórias e derrotas. É nisso, com efeito, nisso somente, que o homem entende e descobre *o que é*.

Mas também: "o que ele é" *é* – o tão-somente por aquele que é ele mesmo como existência, e não por "qualquer coisa" anônima. Isto significa que a leitura cifrada não se dá sem luta. Assim, em Jaspers, como nas mais profundas concepções religiosas e filosóficas, a fonte única da paz, a transcendência do ser, é também para o homem a causa, e poderíamos dizer o prêmio, da verdadeira luta.

Transcendência acessível-inacessível. Perguntar-se-á quais as realidades que poderão ter para a existência a eficácia de uma escrita cifrada. Jaspers responde: não há nada que não possa tornar-se cifra. Existe em todas as coisas uma espécie de vibração, de palavra indefinida, um princípio de expressão, sem que se saiba a "finalidade" nem o "objeto" dessa expressão. O mundo, a natureza, o homem, o céu estrelado, a história, mas também a consciência em geral, o feito de um pensamento, tudo isso não está apenas aí, tudo isso está a ponto de "significar".

Parece, pois, que para Jaspers, a transcendência aflora por toda a parte e que a realidade inteira não é senão transparência. Mas isto só é verdadeiro num dos pólos do pensamento entregue a um vaivém purificador. Uma transcendência demasiado mediatizada tende a anular-se como tal ao se identificar com o que lhe serve de mediação. Demasiado inacessível, perde o contato com a existência e se aproxima da pura abstração. Acessível-inacessível, cada um destes termos corrige o outro e a sua oposição é uma cifra significativa. Dizia Simone Weil que não podemos ter uma idéia de Deus, se não o supusermos *ao mesmo tempo* como pessoal *e* impessoal. Jaspers escreveu (Philosophie, III, pág. 167): "Constrange reduzir o Deus pessoal à condição de cifra. Deus, como transcendência, fica longe. Quando ele se converte para mim nesta cifra que eu mesmo crio, numa linguagem humana à segunda potência, ele fica mais perto por um instante. Mas o abismo da transcendência é demasiado profundo. A cifra não reduz a tensão. Traz ao mesmo tempo a plenitude e a perplexidade; ela está presente e não o está. O amor que eu manifesto à divindade como pessoa, só metaforicamente pode ser chamado amor. Não se atua no mundo senão como amor a um ser humano singular ou como entusiasmo pela beleza da vida. Um amor extrínseco ao mundo é um amor sem objeto, uma beatitude sem causa. O amor à transcendência só é real quando ilumina o mundo".

Jaspers não cessa de causticar o desvio que consiste em tomar a cifra, ou até mesmo o seu significado e expressão, pela própria transcendência. Luta em todas as frentes contra toda a forma de idolatria ou superstição. "Para que o homem não desacate a divindade e possa ser o que deve, tem de deixar a transcendência intata, em seu mistério, distância e singularidade. A verdadeira paz do ser há de buscá-la na leitura das cifras que ele próprio escreveu ou recebeu, e não no repouso que lhe ofereceria, à margem do mundo, um ser feito de ilusão."

Malogro. Somos *destinados* ao mundo, não só de fato, mas igualmente por necessidade metafísica, pois aqui é o lugar onde a leitura das cifras encontra a sua verdadeira eficácia. Mas o mundo e a existência que aí se busca, são evanescentes. Não se encontra nele nada que não seja perecível. Na quarta e última parte da sua *Metafísica* (terceiro volume de *Philosophie*), Jaspers demonstra que a evanescência constitui a cifra por excelência da transcendência. Encontramos assim de novo a cifra do malogro.

As formas do malogro são, aliás, múltiplas. Só existe a marca do perecível em tudo o que encontramos, quando nos orientamos no mundo. Assim *o pensamento lógico* parece, à primeira vista, mover-se entre perfeitas coerências eternas. Mas, levado até aos limites, ele ficará como que encurralado diante de antinomias irredutíveis que farão soçobrar o seu princípio fundamental: o da não-contradição, – além do qual surge então o englobante da verdade que já não é racional. O mundo, como Kant bem o demonstrou, não se constitui em totalidade diante dos progressos do saber. O próprio saber não poderá terminar em totalidade.

Quando intentamos esclarecer a existência, encontramos este outro limite irredutível: onde a existência atinge o máximo, já não é só ela. E nós vimos como a transcendência, em sua verdade, se oculta atrás das cifras cuja leitura visa à sua revelação.

O pensamento fica assim como que cercado pelo malogro. Encontra-o como obstáculo no termo de todos os seus caminhos. Então é o próprio malogro que importa "*decifrar*": este é, para a existência, a cifra necessária da transcendência.

Jaspers explica-o desta maneira (op. cit., p. 227): "Se nós fôssemos capazes de conceber, sem contradições, a verdade do ser, a identidade seria, através do tempo, como que o próprio ser da morte, no qual não podemos acreditar. A verdade do ser não se me pode revelar, mesmo continuando incognoscível, a não ser que a coerência lógica se fragmente em antinomias".

"Se a verdade do ser fosse a permanência infindável através do tempo, não haveria de novo senão uma duração morta, uma monotonia sempre idêntica a si mesma, onde o tempo não existiria. Existindo, o ser toma necessariamente, dentro das condições temporais, a feição de um movimento para o malogro. Cada vez que acreditamos haver descoberto na realidade empírica uma cumeada onde o ser se manifesta, ela depressa se reduzirá a um simples ponto e se apagará. É esta evanescência que salva a verdade do ser, verdade que, como subsistente, se perderia... A impossibilidade de duração faz com que toda a plenitude, toda a consumação, escapem à existência que gira em torno desse ponto evanescente. O instante, como tal, é tudo e, no entanto, ele não é mais que instante. Ao nível da vivência do real, a verdade não reside no isolamento dessa cumeada, desse ponto, mas no seu desdobramento em direção ao passado e ao futuro."

Este *instante* é o nervo vital do sentido, contrário ao tédio sem fim que engendraria a permanência inerte de uma valência que se perpetuasse na continuidade. *O ser como liberdade* não se pode, portanto, atuar nunca como consistência e permanência. Existe enquanto duram suas conquistas e extinguem-se quando quer durar em seu acabamento.

Natureza e liberdade. No estado empírico, próprio do ser humano, reside, segundo Jaspers, uma terrível cifra: o ser humano é concomitantemente natureza e liberdade. Ora, natureza e liberdade não são apenas duas forças em luta. É igualmente verdade que a liberdade não é possível sem a natureza. Não basta que a liberdade domine a natureza, esse fundo obscuro do homem que pode, sob a forma de doença mental, submergir e destruir nele a humanidade. É necessário ainda que a natureza, mesmo dominada, nele continue e conserve a sua força motriz. Os desvios que ela gera (e que a existência condena como erros e assume como desdouro) provêm do mesmo fundo que a existência. Para o ser humano, pecado e liberdade nascem juntamente e mantêm-se inseparáveis.

É por isso que a transcendência não está só na liberdade, mas, mediante esta, também na natureza. A natureza, "o diverso" da existência, constitui, como tal, a cifra que designa o fundo donde provém o meu ser, mas não apenas o meu. O mundo real que me rodeia surge primeiro como simples material oferecido à minha liberdade; mas, depois, habituo-me a ver também nele outra coisa: o anúncio de um ser próprio, independente, o ser da natureza a que me acho também sujeito. A natureza não é o ser em si, a existência não é tudo. Uma filosofia da existência que se fechasse sobre si mesma, tornar-se-ia incapaz de compreender "o diverso" da existência, aquilo que não é ela nem existe por ela.

Quando a existência se enclausura em si mesma até ao ponto de reduzir a natureza a simples material da liberdade, a natureza começa por se revoltar no fundo da própria existência. De outro lado, a existência toma necessariamente esta direção: a de utilizar a natureza como material. Daí a sua explosão inevitável: ela viola a natureza. Está nisto a *antinomia da liberdade*: unindo-se à natureza, a existência se aniquila como liberdade; violentando a natureza, fracassa ao nível do real.

O absoluto da existência tende a forçar a finitude do real. Este implica coexistência de grande número de seres que disputam entre si o possível e o espaço. Daí a necessidade da organização, do recurso à moderação, às limitações, às concessões, aos compromissos, em vista duma relativa estabilidade. Mas a existência autêntica desarranja tudo, o absoluto desconhece a moderação. O absoluto, condição da existência, converte-se na falta que há de ser expiada: o real tende a destruí-lo para durar. Daí a existência no mundo de *duas éticas*. Uma, que se pretende geral, cultiva o sentido da medida e do relativo, a atitude prudente e razoável, excluindo o sentido do insucesso; a outra, ao serviço do absoluto da liberdade, crê que tudo é possível, condenada ao malogro. *Ambas se reclamam e limitam mutuamente.* A ética da moderação possui um valor relativo, enquanto mantém em ordem duração e estabilidade, tornando assim possíveis, no plano do real, a presença e exercício da liberdade; a ética do absoluto faz-se relativa, ao inserir-se numa realidade que lhe concede um lugar de "exceção", e a sua origem "diversa" não se manifesta claramente senão quando ela se destrói.

Absoluta, a existência está votada ao impossível. Realidade finita, há de aceitar as outras realidades e o ser diverso da natureza. A sua mais alta medida é sem medida. Daí o malogro inevitável. O caráter fragmentário da sua presença empírica e da sua obra tornam-se chave da transcendência para a existência de outrem.

Silêncio e nada. Tudo isto se diz demasiado depressa, demasiado facilmente. Diante do exame verdadeiro, que rejeita as ilusões, a noite congelada do nada não cessa de questionar o que a filosofia, em suas interpretações, procura recuperar e salvar. O malogro, nesse caso, se reduz ao mero ser do nada, já não é cifra. A maior ameaça é a do nada que nega todo o sentido, que traga tudo quanto se intentou construir ou valorizar. Como viver?

Transcender parece insensato. A honestidade veda o refugiar-se nos sonhos, as ilusões do ser. Poder-se-á encontrar ainda um sentido para este último malogro?

Jaspers nega à existência a capacidade de abolir o tempo, refugiando-se numa pretensa contemplação metafísica que eximiria da experiência do malogro. Só a experiência autêntica do fracasso *"apaga o tempo" (tilgt die Zeit)* sem permitir, entretanto, a posse do ser transcendente. Não se pode conhecer o porquê do mundo. Apenas se pode "experimentar" a sua razão de ser no malogro, mas nunca *expressá-la.* A palavra cessa com o pensamento. Diante do silêncio do mundo, não resta senão o silêncio. E se, apesar de tudo, alguém arrisca uma resposta para quebrar o silêncio, a sua palavra se soltará *sem dizer verdadeiramente nada.* O silêncio dirá: "*É*" ou "o ser é". Um enunciado vazio, mas que corresponde à simples consciência do ser. Diante dos possíveis destruídos em seu germe, o silêncio procura auscultar *o ser antes do tempo*, onde *está* o que não chegou a ser real. Ou então: para ele, o que ficou irremediavelmente perdido no esquecimento, não pertence àquilo que a existência chama ser, mas ao dado empírico. Para o silêncio, na transcendência apenas se perde o que ali jamais se encontrou.

Só *além* de toda a interpretação, na cifra do silêncio, é que o fim do mundo pode constituir o ser. Ao nível do conhecimento, não importa qual o fim que há de ocorrer *no* mundo e *no* tempo; não se trata nunca do fim do mundo, do fim do tempo. Mas, para o silêncio, diante da chave indecifrável do malogro universal, é o mundo que, contraposto ao ser da transcendência, é *ultrapassado.*

Nenhuma destas fórmulas, afirma Jaspers, diz alguma coisa. Todas expressam o mesmo. Todas dizem: *ser*. Rompem um silêncio que não pode ser interrompido.

No plano do saber, da realidade positiva, parece nada restar senão a angústia, que se julga última e sem saída – a única desforra, a única forma honesta de recusa. O salto para fora, para o ser que a eliminaria, parece apenas uma possibilidade vã, um simples desejo, como que a sedução do abismo. Todavia, este salto impossível *pode* ser bem-sucedido.

Jaspers insiste: prender-se à angústia do malogro ou à paz do ser, é, num e noutro caso, não querer ver a realidade. Só a existência que ousa dar o salto da angústia à paz pode fixar tranqüilamente, sem retraimentos, o mundo em sua realidade. A angústia, abandonada exclusivamente a si mesma, disfarça ou atenua o fracasso, agarrando-se a esta ou àquela realidade, que pretende possuir e conhecer. Falsifica a sua condição, atribuindo-se uma totalidade, uma pretensa harmonia, uma moral ideal, uma verdade dogmatizada como única válida e certa. Mas a paz nasce então da mentira ou da ilusão, é angústia vivendo de olhos fechados.

Para Jaspers, neste ponto muito próximo de Kierkegaard, ninguém pode passar diretamente do bem-estar ou do otimismo vital à paz lúcida do ser transcendente. O acesso a esta paz passa pela impossibilidade de viver e não uma vez por todas, como se a radicalidade do malogro, afrontada com coragem, desse direito a uma recompensa, sempre renovada, ao longo de uma presença constante na vida temporal.

"É um dado fundamental da nossa existência no tempo que a realidade geradora da angústia destrutiva não possa ser vista, tal qual é, sem angústia e sem a passagem da angústia à paz. O fato de o homem poder *juntamente* ver a realidade, ser ele também real e, não obstante, viver sem morrer de angústia, prende a sua liberdade ao sentido do real mais imediato e limitado, ao longo de um processo sempre inacabado, onde nem a angústia nem a paz são o termo final, e nada de real é definitivo."

Suportar e agir. Quando se observou, com toda a sinceridade e veracidade de consciência, que não existe solução, nenhuma resposta no silêncio, nenhuma justificação da realidade tal qual ela se apresenta, nenhuma aquietação nem revelação na escrita cifrada, só resta um caminho para quem deseja a paz: aquele onde se aprende a "suportar" (*dulden*). Existe uma maneira passiva, vazia, de suportar que equivale a deixar-se levar pura e simplesmente pelas coisas como elas são. Mas também existe uma maneira ativa de suportar o malogro universal, realizando o que pode ser realizado, por tão longo tempo quanto o permitam as forças. Dessa tensão nascerá a serenidade. Suportar é viver na não-ciência de uma fé que se empenha em agir para melhorar o mundo, sem esperar, por isso, que um dia se criará nele uma organização perfeita e definitiva. Suportar é aferrar-se ao ser *malgrado* o insucesso, mesmo quando, à força de fracassos, a escrita cifrada se subtrai à existência.

A certeza que implica uma paz verdadeira está unida à presença da existência. Não chega a ser nunca uma garantia objetiva; permanece evanescente. Mas, quando existe, nada a pode debilitar. Jaspers citava muitas vezes Jeremias: Deus existe, e basta. Pretender saber tudo sobre a divindade conduz à superstição; mas a verdade se atualiza onde a existência, mediante o fracasso, é capaz de traduzir a linguagem polivalente da transcendência na mais simples certeza do ser.

Eis o último parágrafo da *Metafísica*: "Tudo isso é fácil de dizer, mas jamais está completamente presente. Cada vez que o pensamento, só, pretende disso se apropriar antecipadamente, isso deixa de ser verdadeiro. Não é por um vôo quimérico na perfeição, mas pela via do sofrimento, diante da face impiedosa do mundo real e no absoluto da sua liberdade de comunicação, que a existência possível pode alcançar o que nenhum plano oferece o que, para o desejo, se torna logo absurdo: encontrar o ser no insucesso". (18 a 27).

"DA VERDADE"

No que acaba de ser exposto, a idéia da "verdade" parece apresentar uma subjetividade ao quadrado: é certeza no sentido de uma convicção existencial, de um ato de fé a renovar sem cessar pela repetição que traduziria, no tempo, a unidade eterna da transcendência. Subjetividade ao quadrado: situada além da subjetividade empírica – observável por meio da introspecção e do auxílio dos recursos da Psicologia – e voltada para uma maior subjetividade, para o coração subjetivo da objetividade, talvez conviesse chamá-la possibilidade transcendente da existência. Mas que seria, neste andamento, da exigência universal da verdade? Que seria, por exemplo, das ciências racionais e positivas, em face da leitura, absoluta, mas instável e evanescente das cifras da transcendência, e desse silêncio final em que ela nos deixa? Nos piores anos do hitlerismo, Jaspers escreveu a sua obra *Da verdade* (*Von der Wahrheit*), um milhar de páginas, que constituiria o primeiro volume da sua *Lógica Filosófica*, e que foi o único que pôde concluir.

Lógica Filosófica. Não se trata de uma obra de lógica no sentido vulgar. Para achar a sua origem mais profunda, Jaspers questiona o nosso conhecimento imediato daquilo que significa "verdadeiro". Vivemos um tempo em que, por um lado, o sentido do verdadeiro se banalizou e como que se rebaixou, por outro, muitas pessoas estão prontas a rejeitar a verdade como idéia oca ou ideológica: cientistas declarando que a pesquisa científica não tem nada a ver com a verdade, lingüistas recusando-se a aceitar a verdade do sentido na sua teoria da linguagem, políticos proclamando que a verdade não é outra coisa senão o que é útil a um povo, a uma classe, a uma causa. Sem dúvida, banalização e rejeição provêm da mesma perda de profundidade.

Jaspers se interroga sobre o que significa "verdadeiro" para seres que vivem no tempo. Nós não vivemos imediatamente no ser e é por isso que não possuímos a verdade. Vivemos no tempo e a verdade é o nosso caminho. Ela não concerne apenas aos processos do conhecimento, à pesquisa, à inteligência. Quando agimos, quando compreendemos uma causa, quando amamos, é dela que provém o sentido; é por nós a buscarmos que a dúvida e a certeza, o desespero e a esperança, não cessam de se gerar reciprocamente.

Convém interrogarmo-nos sobre o que aviva em nós o sentido da verdade. Este não constitui um dado natural ou vital imediato. Depende de uma tradição que cada geração tem a obrigação de reassimilar e transmitir. Não se identifica com as descobertas "úteis" que faz uma criança no curso da aprendizagem do que a rodeia. Para nós, ocidentais, a sua clareza vem dos gregos, amalgamada de ricas e obscuras profundezas que nos ligam também à Ásia e à Pré-história. O sentido do verdadeiro, diz Jaspers, vem de uma origem mais profunda que o entendimento, embora incumba ao entendimento explicá-lo. Também não é oriundo do sentimento. Põe em ação o homem todo inteiro, incluído o sentimento. A verdade nasce justamente do encontro do pensamento e da vida; o seu sentido se altera no momento em que pensamento e vida se dissociam e só fica, de um lado, o vácuo do entendimento, do outro, a cegueira do impulso vital. O homem está no caminho da verdade, quando consolida e resume a própria coerência, aqui e agora, na história e não na intemporalidade.

O pensamento filosófico não poderia, por si só, produzir a verdade em sua plenitude substancial. Mas pode ajudar a *esclarecer a sua natureza*. Esse o sentido da lógica filosófica. Sua tarefa é a de traduzir a consciência imediata da verdade em saber reflexivo, de modo que a *minha* consciência "se certifique" da verdade.

Visão do Todo. Uma das características da lógica filosófica é que ela há de abranger *tudo*. Não deve ater-se a nenhuma realidade particular. Ela é a consciência de si, que se apropria de *tudo*, pois em *tudo* há algo do pensamento. Ela se enraíza no que está aquém e além das categorias e, embora se exprima por meio destas, não cessa de se referir também a esse aquém e a esse além.

Em seguida, mesmo que o entendimento queira reduzir tudo a um só tipo de conhecimento, a um só plano, a lógica filosófica, ao contrário, constata rupturas entre as diversas modalidades do ser e do saber. Ela discerne e delimita. Põe em evidência a pluralidade e diversidade das perspectivas segundo as quais o sujeito consciente se compreende e compreende tudo o mais que ele não é.

Todavia o que ela visa é o todo. Se ela define os limites, não aceitando a imprecisão e as falsas ilações, não busca menos resolutamente a unidade recusando-se a isolar seja o que for, esforçando-se por unir tudo. A unidade é para ela uma Idéia, no sentido kantiano do termo. Esta idéia a compele, de um lado, a buscar sempre a totalidade, do outro, a não confundir nunca a Idéia com este ou aquele sistema, no qual o pensamento pretenderia encerrar a totalidade do possível, o que converteria a Idéia em um dado definitivo, total e totalitário. Toda a unidade, se referida ao todo, parece provisória. A Idéia do todo exclui qualquer perfeição temporal. A lógica filosófica, que não cessa de a buscar, sabe que é inacessível.

O englobante. Ocorre aqui uma noção que precisamos aprofundar: a noção do "*englobante*" (*das Umgreifende*). Jaspers estuda-o em três perspectivas: a) na do sujeito: o englobante que somos ou podemos ser; b) na do objeto: o englobante que o ser é; c) na do todo: a vinculação de todos os modos do englobante em nós. Depois estas perspectivas se subdividem:

a) O englobante que somos ou podemos ser:
- a partir do "*sujeito vital*" (*Dasein*);
- a partir da "*consciência em geral*" (*Bewusstsein überhaupt*);
- a partir do "*espírito*" (*Geist*); e
- a partir da "*existência*".

b) O englobante que o ser é:
- como *mundo*;
- como *transcendência*.

c) A vinculação de todos os modos do englobante em nós:
- as diversas funções da "*razão*" (*Vernunft*).

Jaspers apresenta então o quadro seguinte:

	O englobante que nós somos	O englobante que é o próprio ser (*das Sein selbst*)
O imanente	Vida empírica (*Dasein*) *consciência em geral* *Espírito*	*Mundo*
O transcendente	*Existência*	*Transcendência*
	Razão	

(Vínculo de todos os modos do englobante em nós). Estas divisões, subdivisões e entrecruzamentos não resultam de um princípio por via de qualquer evidência. Refletem a experiência interior (poder-se-ia dizer: operativa) da descoberta dos limites e dos diversos modos como, de forma original, o ser se atua e torna presente para nós. Refletem uma experiência fundamental: quando estou diante de um objeto, de repente, ele não é só objeto determinado, entre outros que tenho à minha frente, mas, de certo modo, o representante de todos os objetos. Sempre que procure esclarecer a origem que os engloba a todos, sem me ater a uma generalidade indefinida e buscando apreender um "*conteúdo*" (*Gehalt*), qualquer coisa de "substancial", encontrar-me-ei logo diante de "*várias*" origens. Assim, através da multiplicidade das aparências, venho a descobrir essas poucas "maneiras" que o ser possui de ter um sentido para mim. Essas diversas "maneiras" não podem ser caracterizadas por meio de definições como as que se aplicam aos objetos, – muito pelo contrário: elas se diversificam "antes" de toda a objetividade e se revelam ao longo da experiência que fazemos *dos limites que fundamentam as suas diferenças*. É como uma consciência englobante específica que se revela cada vez através da pluralidade dos conteúdos do ser.

O englobante cinde-se assim modalmente e nos conduz a origens independentes umas das outras. Mas, ao mesmo tempo e de repente, é a origem única que nós buscamos. Logo que cada modalidade do englobante se evidencia de forma perfeitamente clara, com uma origem própria e excluindo toda a transição contínua entre ela e qualquer outra, essa origem particular deixa subsistir em nós uma carência, uma insuficiência, a evocar e exigir uma origem de outra ordem, a partir da qual, enfim, *todas* são necessárias. Ao separar radicalmente cada origem das outras origens torna-se muito mais premente a exigência da sua interdependência na unidade.

Jaspers não deixa de sublinhar o que constitui a dificuldade essencial desta explicação: servimo-nos necessariamente de termos objetivos, de dados empíricos, e, não obstante, não é disso que se trata. Neles e através deles, temos em mira alguma coisa que os ultrapassa. O pensamento deve, de alguma maneira, compenetrar-se de objetividade, mas readaptando-se constantemente, e abandonando, simultânea e proporcionalmente, o que é objetivo para encontrar aquilo no qual e pelo qual a realidade objetiva *existe*.

Modos do englobante. Jaspers explica os modos do englobante, no quadro acima apresentado, sintetizando alguns passos fundamentais que vou expor rapidamente:

Primeiro "passo" (Shritt): Vivemos *no* mundo, mas não temos nunca o mundo diante de nós, como se o pudéssemos considerar desde fora. Tudo o que podemos conhecer está no mundo, não é o mundo. Kant exprimia essa realidade, dizendo que "o mundo é uma Idéia". *O mundo é o englobante* de toda a objetividade particular.

Todo o nosso conhecimento objetivo está condicionado pela estrutura do nosso pensamento consciente (por exemplo, a unidade de um objeto qualquer está condicionada pela propriedade constitutiva da nossa "consciência em geral", que é a de instaurar a unidade de tudo aquilo que apreende). Tal é o sentido fundamental do pensamento kantiano: o ser em si só se nos revela traduzido em "ser para nós", sob a forma de que o reveste a consciência em geral. Reconhecemos a fenomenalidade do mundo empírico, quando atingimos *o caráter englobante da consciência em geral.*

Assim o englobante acha-se aqui já cindido: o englobante em cujo seio surge o ser em si, chama-se *o mundo*; o englobante que eu sou, que nós somos, se chama, neste caso, *consciência em geral.*

Segundo passo: Não sou só consciência em geral, sou também um "*sujeito vital*" (*Dasein*), – isto é, segundo Jaspers, sou um sujeito que vive, que nasceu, que morrerá, que luta pela vida. E é esta vitalidade empírica, que eu também sou, que sustém a minha consciência. Para me compreender a mim próprio como sujeito vital, tenho de passar da mera consciência à existência de fato, àquilo que tem um princípio e um fim, que luta e sofre em meio às próprias circunstâncias, que conhece o sucesso, a derrota, a fadiga, o prazer e a dor, a angústia e a esperança.

Mas, como ser real, não sou só "vital", sou também "*espírito* (*Geist*). Com efeito, tudo o que a minha consciência pensa, tudo o que experimento no plano vital, se encontra de alguma maneira reproduzido e situado pela reflexão em unidades compostas, culturalmente estruturadas, tais como, por exemplo, a sociedade, uma obra, a profissão etc.

Terceiro passo: As modalidades do englobante, que acabamos de descobrir, abrangem conjuntamente aquilo cuja realidade não é contestada por ninguém, a *imanência*: A imanência que eu sou (sujeito vital, consciência em geral, espírito), e a daquilo que é objeto para mim (mundo). É de perguntar então se a imanência se basta a si mesma ou se "*indica*" (*aufweisen*) outra coisa.

Muitos têm afirmado que só a imanência existe, que ela basta e que, fora dela, não existe nada. Para outros, isto em todas as épocas, tornou-se evidente que ela não basta. Estes sabiam que, não existindo mais nada, se achariam perdidos, com toda a humanidade, num vácuo sem sentido. Reconheceram que a imanência não existe nem se compreende por si só. E deram *o salto para a transcendência* em duas direções: a partir do mundo para *a divindade*, a partir da realidade do espírito consciente para *a existência*. A existência, diz Jaspers usando termos de Kierkegaard, é o sujeito livre que se reporta a si mesmo e, daí, à transcendência, à qual sabe que deve o dom do próprio ser, buscando nela o seu fundamento.

Quarto passo: Não há só diversos englobantes. De cada modalidade surge a pluralidade. Tudo parece fragmentar-se em multiplicidade ou até dissolver-se em contradições exclusivas.

É certamente possível, diz Jaspers, viver na pluralidade e dispersão sem se inquietar. Mas, para quem experimenta a insuficiência e imperfeição de tudo isso, um salto decisivo torna-se sempre possível; impor-se-á como necessário, desde o momento em que essa possibilidade se fizer consciente. Sendo impossível quedar na justaposição do diverso, é necessário que tudo seja relacionado e que assim se alcance ou instaure *a unidade*.

Segundo Jaspers, este salto conduz à "*razão*" (*Vernunft*). É a razão que impõe e instaura a unidade, ligando entre si as modalidades do englobante, bem como os fenômenos que nele se produzem. Trata-se de uma necessidade cuja existência se eleva das raízes da própria razão. A unidade requerida pela razão é *condição de sentido*. Mas é a existência vivente que acredita no sentido e põe a razão em movimento. É ela que dá à razão a eficácia de um englobante que está aberto a tudo e quer unir todas as coisas.

Agora já podemos compreender melhor o quadro acima: o englobante em geral (como tal) se cinde no englobante que nós somos e no englobante que é o ser; depois o englobante que nós somos se cinde no que nós somos como sujeito vital, consciência em geral e espírito; em terceiro lugar, o englobante, cindido em imanência e transcendência, convida a existência a passar de uma à outra; por fim, o englobante que é a razão procura, através do dissociado, reconstruir a unidade.

Seria certamente errado ver no que precede a "descrição" de "estruturas" verificáveis ao nível dos fenômenos, exteriores ou psicológicos. Jaspers aponta aqui os instrumentos que lhe permitirão explicitar a dialética da consciência e da razão e restituir à "verdade" a sua dimensão existencial e transcendente.

Dasein ou sujeito vital. Tentemos agora explicar brevemente os termos que figuram no quadro.

O *"Dasein"* não designa aqui algo que "estaria ali" (*da sein*), no espaço e no tempo, que seria real e existiria de fato. O "*Dasein*", como um dos modos do englobante que sou, significa: "eu estou aqui", "nós estamos aqui". Designa globalmente uma presença real no mundo (e não um simples estar no mundo), contraposta às realidades corporais e aos outros *Dasein*. O *Dasein* não existe só no espaço e no tempo, está lá também. Engloba-os, não se limitando, portanto, à sua presença objetiva, espacial e temporal. Jaspers atribui-lhe as seguintes características fundamentais, que explicariam e justificariam, a meu ver, a tradução por "sujeito vital":

– Serei sempre um só *Dasein, o meu Dasein*, único e singular.
– O *Dasein* vive rodeado de um ambiente concreto, que *conhece* e sobre o qual *age*.
– *Nasce* e *morre* entre outros *Dasein* que nascem e morrem antes e depois dele.
– É movido por *desejos* e *vontades*, quer viver e ser feliz, mas toda a plenitude que encontra é apenas momentânea, não permanece.
– Querendo viver e estando ameaçado, busca o poder e tem de *lutar*. Enquanto durar, durarão também os seus cuidados.

– É um *englobante*, pois nada será real para mim, não se atualizando como o meu *Dasein*, nem, conseqüentemente, para o *meu corpo sensível*, sempre presente. Tudo terá de passar por aí.

O *Dasein* é *vivente*, mas, ao mesmo tempo, o vivente torna-se *objeto* de estudo científico para o sujeito. A vida então não é mais o englobante, mas uma realidade do mundo, entre outras, sob a forma particular deste ou daquele corpo que vive. O vivente como objeto de ciência é resultado da objetivação de uma realidade (a vida), que não pode ser objetivável em toda a sua totalidade. O meu sentido interior, englobante, da vida – de mim mesmo como vivente – inicialmente indeterminado, é de alguma maneira "representado" objetivamente por um objeto vivente, determinado e palpável (o meu corpo). Mas isso requer uma operação *dedutiva*. É assim que a vida se transforma em objeto de pesquisa para a Biologia e a Sociologia. O objeto empírico destas ciências, enquanto determinado, é resultante de uma construção redutiva, que passa despercebida. Abstraímos então aspectos particulares, a matéria corporal, um corpo animado, o ambiente, a alma, a consciência, mas não o englobante que os penetra e assume.

É o mesmo quando os homens se querem conhecer objetivamente. Ser homem se reduz então a pertencer a uma espécie entre outras. A "natureza humana" não é mais que uma parcela da natureza em geral. Mas a maneira especificamente humana de ser um *Dasein* se apagou junto com o englobante.

A ciência, diz Jaspers, não exige nada igual. O cientista pode perfeitamente estudar cientificamente o seu objeto, mantendo-se um e outro no englobante; é a consciência do englobante que dá então um sentido à sua pesquisa, enquanto os limites do saber objetivo continuam presentes. Não é, aliás, necessário falar explicitamente do englobante, para que assim aconteça.

Por isso, para haver uma verdadeira ciência, Jaspers exige concomitantemente o conhecimento das realidades objetivas e o esclarecimento do englobante, um junto com o outro, um por meio do outro. Mas não é o englobante da vida dos animais e das plantas que nós podemos esclarecer; é o englobante do sujeito vital que somos e que não deixa de estar presente a nós mesmos. "Eu vivo a vida" ("*Ich erlebe das Leben*").

Mas como? Existe um *sim* fundamental, implícito, no sujeito vital. Este é, para si mesmo, um valor não derivado (daí que, em um certo plano, a pergunta "por que viver?" é vazia de sentido). Ele é o insubstituível que condiciona o mais e dá à morte o seu estímulo. Em contrapartida, nenhuma das suas satisfações, mesmo momentaneamente totais, é apreciável sem logro, ilusão ou esquecimento. A felicidade que o sujeito vital busca é, na verdade, impossível de realizar e mesmo de imaginar, porque está feita de exigências contraditórias. Ela teria, por exemplo, de conciliar a mobilidade do desejo com a fixidez da plenitude. Não há permanência para o *Dasein*; vai incessantemente atrás de outra coisa.

A natureza do *Dasein* é, por conseguinte, dupla: rejubila com a sua presença no mundo e sofre sem remédio o domínio do efêmero. Na própria insatisfação, ele aponta para um outro englobante.

Que o sujeito vital tenha consciência de si mesmo e do seu universo constitui, segundo diz Jaspers, o maior dos enigmas. Este ponto luminoso na escuridão duma imensidade sem fundo dá-se a conhecer ao mesmo tempo que dá a conhecer o universo. O ser só é acessível à claridade desta luz: eu poderia não existir, tudo quanto existe poderia não ser – mas *eu existo* realmente. O enigma deste pensamento de limites revela igualmente que o sujeito vital não está aí por si, que ele não é obra sua.

"Consciência em geral". Jaspers analisa em seguida o englobante da "consciência em geral", essa consciência comum e impessoal que tem por objeto as certezas racionais e empíricas, sobrepondo-se a elas. Já falamos disso. Vejamos agora somente o que Jaspers afirma acerca da relação existente entre a consciência em geral e o sujeito vital. Há uma dupla relação: de um lado, a consciência em geral está ao serviço do sujeito vital, do outro, perturba-o e incomoda-o. Não existe entre ambos uma harmonia de origem. O pensamento racional e impessoal tem sido certamente útil ao homem ao nível das necessidades práticas, dando-lhe o poder de inventar os instrumentos que fizeram dele o senhor da natureza. Mas também o perturba na medida em que altera a segurança dos seus instintos, o entrega às ilusões, o leva, por vezes, à destruição, e o torna, com freqüência perplexo e infeliz. A relação entre o saber (ou conhecimento verdadeiro) e os interesses vitais é problemática.

Problema análogo existe, aliás, entre a consciência em geral e todos os outros modos do englobante. Ela se nutre da sua substância e os impele a um desenvolvimento tão amplo quanto possível. Transforma-os e altera-os. É, umas vezes, estimulante criador, outras, semente de desordem e destruição. Um fluxo de consciência vivido em toda a sua riqueza, segurança e plenitude, pode ser interrompido, violado, empobrecido, destruído, pela intervenção de um pensamento claro e objetivante. Jaspers lembra a perturbação que pode provocar em quem fala ou age a súbita atenção objetiva aquilo que está fazendo. A consciência em geral *sabe* do absurdo, do caráter precário, de tudo quanto é temporal. Paralisa. Ela suscita fantasmas racionais que substituem ou inibem a vivência e a ação. Por vezes torna-se também, malgrado o seu rigor, em fonte de não verdade. Todavia é nela que se encontra a origem de uma verdade que lhe é exclusiva e cuja marca é a clareza. É ela que patenteia ao homem o conhecimento do utensílio, da obra, do pensamento, de tudo quanto ele produz. Mas a produção criadora provém de outros modos do englobante. Só, a consciência em geral não teria conteúdo. A claridade, só, seria uma luz vazia, não engendraria nenhuma parcela de ser.

Espírito. O terceiro modo do englobante que somos, é chamado, em Jaspers, "*espírito*" (*Geist*). Uma noção difícil de captar. Mas o presente resumo só poderá apresentar, a tal respeito, um esboço insuficiente.

Sumariamente se poderia dizer que "o espírito" é a função que estrutura e constrói as unidades. Se o sujeito vital se prende à vida singular e a consciência em geral à racionalidade universal, o espírito, esse, se situa na esfera da cultura. É, diz Jaspers, real como o sujeito vital e interior como a consciência em geral, mas a sua origem pertence a outra ordem.

É ele que dá à multiplicidade dos pensamentos, da afetividade e dos atos, a coerência, uma orientação, uma estrutura, um limite e uma medida. Nele vivem essas totalidades que, embora nunca atingidas como objetos, impregnam toda a nossa atividade de seu poder, esses germes da inacessível finalidade que chamamos Idéias. Elas ordenam a multiplicidade infinita do diverso, dando-lhe forma e sentido.

O espírito está perpetuamente em transformação, passando de um conjunto real a outro, modelando-se na assimilação ou rejeição de quanto se lhe oferece. Compreende-se a si mesmo e compreende o mundo através das obras que têm realidade objetiva: obras de pensamento, obras-de-arte, poemas; instituições, leis, constituições; estruturas profissionais, costumes, escalas de valores. Opera por meio das realidades objetivas e cria outras novas. Mas estas realidades não são o espírito. O espírito trespassa-as. Seu objetivo é a totalidade, o fundamento, a substância das Idéias.

Vemos que a noção de "espírito" como englobante sofreu, em Jaspers, a influência hegeliana, talvez num sentido por vezes polêmico.

Existência. Jaspers contrapõe aos três modos imanentes do englobante que eu sou (sujeito vital, consciência em geral, espírito) o seu modo transcendente, *a existência*, que é o "poder-ser" do eu, a sua liberdade. Consciência em geral e espírito abrem ao eu vastos espaços. A existência, pelo contrário, é como que um estreitamento. Ela estriba em um sujeito vital, numa individualidade, em uma unicidade que, em confronto com a consciência em geral e o espírito, parece possuir apenas uma realidade precisa, arbitrária, substituível. Entretanto é assim, através do próprio corpo do sujeito vital em que se encarna, que a profundidade do ser chega ao mundo como existência (ou liberdade possível). A existência, isto é, a "condição histórica" ou "historicidade", onde sujeito vital e existência tendem a ser um, – não em virtude de uma união harmoniosamente realizada, mas em uma luta sem fim pela unidade.

O sujeito vital, com as suas particularidades, as suas paixões, os seus apetites, os seus pavores diante do que o ameaça, não é ainda existência. É a existência que lhe dá a gravidade – o peso – de sujeito historicamente situado, agindo na história, portanto, a sua "*historicidade*" (*Geschichtlichkeit*). A existência assume a particularidade e as situações-limites do seu sujeito vital; liga-se às suas origens, família, terra, pátria; faz sua alegria e sofrimento essenciais. Ela, e só ela, se torna o sentido cifrado, concreto, histórico, desse sujeito vital, só ela pode decifrar tal sentido.

Todavia, a existência não é, de forma alguma, um produto natural de todos os dados implicados no sujeito vital. É por isso que o homem, como tal, escapa precisamente a tais derivações. A origem da existência continua um mistério. Por ela, o sujeito vital vem a ser diferente do que era. As suas origens são diversas.

Nenhuma generalização é aqui possível: não se pode afirmar nem negar que todo o sujeito vital corresponde a uma existência. Não existe, neste ponto, nenhum "saber", pois só contamos com este dado concreto: só a existência pode apreender a existência.

Dois problemas. Seria impossível apresentar aqui algo mais que reduzido esboço fragmentário do movimento dialético que Jaspers estabelece entre os modos do englobante, entre modos do englobante que eu sou e modos do englobante que é o mundo, entre modos imanentes e modos transcendentes. À guisa de ilustração, mostremos apenas como Jaspers se aproveita disso para esclarecer as condições em que são apresentados dois problemas clássicos: o da *origem da vida* e o da *origem do homem*.

Já vimos que Jaspers, seguindo Kant, afirma a impossibilidade de reduzir a objeto do conhecimento a totalidade do universo. A pesquisa científica decompõe necessariamente o mundo em realidades heterogêneas e modalmente descontínuas. A totalidade do mundo persiste, contudo, como Idéia, reclamando um esforço contínuo de relacionamento do diverso. Os dois problemas de que nos vamos ocupar assentam basilarmente nesta situação fundamental.

A origem da vida. Ao nível de uma explicação natural, *a origem da vida* só pode ser compreendida de duas maneiras: ou ela provém da matéria inanimada, ou então de germes de vida que caíram na terra, provenientes dos espaços siderais, sem serem destruídos pelas temperaturas extremas de calor e frio que lá existem. No primeiro caso, seria possível reproduzir os começos da vida sob certas condições ainda ignoradas. No segundo, a vida poderia ser tão antiga como o universo e não se originaria por derivação. Ora, diz Jaspers, estas duas hipóteses são tão arriscadas que devem ser excluídas. A primeira choca com a suma improbabilidade do encontro dos azares, simultaneamente, indispensáveis ao surgimento da vida. A segunda implica que os viventes tivessem atravessado, sem perecer, prodigiosas distâncias de tempo e extremos de temperatura, o que é também totalmente improvável. Além disso, na segunda hipótese, não teríamos ainda uma explicação da vida: o mistério da transição do inanimado para o vivente seria simplesmente relegado para a origem mesma do universo. A impossibilidade do conhecimento foi dissimulada por soluções puramente verbais ou míticas. Recorreu-se à idéia da criação divina. Mas esta idéia não resolve o problema científico da origem, nem os problemas postos pelas diversas idades da vida contidas nos fósseis e cujas etapas intermediárias apresentam falhas, de sorte que a sua derivação se faz incompreensível.

A origem do homem. Donde vem o homem? Diz-se que ele deve descender de antepassados semelhantes ao macaco. Mas os restos encontrados não bastam para superar *o fosso* persistente entre toda a espécie animal e o homem. Recorre-se então a representações fantásticas: o homem teria existido desde o princípio – como se todas as espécies que se sucederam fossem já o homem, sob aspectos diversos; ou ainda: o macaco é que descenderia do homem como uma espécie desnaturada; ou então: tudo quanto vive seria como que o desperdício deixado ao longo da marcha essencial para o homem. Ao tecnicizar o ser humano, talvez estejamos a ponto de produzir uma nova espécie-desperdício a partir do homem, uma espécie simplesmente "vivente", no sentido biológico do termo; o problema que se poria então seria o de encontrar a via estreita que permitisse ainda ao homem propriamente dito a existência em pequeno número, vendo viver em redor a multidão desumanizada das formigas.

Que visão mais triste do que aquela que, excetuando o homem, degrada totalmente a vida, para fazer dela um desperdício, negando-lhe os sucessos e as perfeições próprias. Mas, como hipótese, esta visão não é menos inteligível do que a inversa, segundo a qual o homem viria do macaco.

Para Jaspers não se trata aqui, nestes dois problemas (origem da vida e origem do homem), de uma ignorância provisória, mas de *uma impossibilidade de princípio*. Pode-se conceber um *objeto* como tal quando ele cai sob a influência das ligações causais ou de uma ordenação sistemática. Mas nenhuma Idéia do mundo pode ser realizada ou ilustrada por meio dos fatos senão de forma parcial. Não se objetiva em sua totalidade. Aborta ao nível do conhecimento, porque tudo o que é conhecido está votado à descontinuidade dos modos do englobante. Assim, nesses dois problemas, os termos "Idéias", "matéria", "vida", "homem", não podem legitimamente ser reduzidos a uma continuidade objetiva. Numa perspectiva arbitrariamente escolhida, cada um deles poderia englobar os outros.

Daí, então, as hipóteses fantásticas entre as quais nos mandam escolher. É que *se supôs, à primeira vista, que tudo é redutível ao conhecimento pela consciência em geral*. Querem que escolhamos, não porque uma das hipóteses se imponha como verdadeira, mas porque o postulado de que tudo pode ser "compreendido" nos obrigaria a isso. Todavia, ao escolher uma hipótese para fazer dela um suposto "saber", menosprezamos a pluralidade descontínua dos englobantes e traímos de fato o rigor das exigências de apodicticidade da consciência em geral. Ao contrário, se a experiência da impossibilidade em que estamos de "compreender" a origem da vida e do homem, é sofrimento radical para o desejo de conhecer, ela é também um bem inestimável, só acessível a uma vontade de conhecer absoluta, rigorosa e sem condescendência. É preciso saber afrontar o incompreensível, se queremos adquirir um conhecimento autêntico, e não extrapolar, até ao absoluto, até à totalidade, conhecimentos ainda particulares. O não-saber esclarecido torna mais claro o saber.

Saber e não-saber. É como se todo o conhecimento particular fosse, pelo fato de ser possuído, o corpo sem vida do englobante. Do englobante só nos podemos acercar, sem todavia o captar, no esforço por conhecer, na superação de todo o conhecimento adquirido e cristalizado, na pesquisa, e não na adição e extrapolação dos resultados, visto que o englobante, que é o mundo, não se esgota na soma dos objetos oferecidos à investigação dos sábios.

Se o mundo, na sua totalidade, estivesse para nós ordenado num conjunto coerente, fechado, conhecível, sem contradições nem rupturas, numa seqüência ininterrupta de processos submetidos à causalidade orientada a um fim, o mundo seria o próprio Ser, seria Deus. Este tipo de visão não cessa de nos tentar. Partindo de um princípio – átomo, matéria, energia, vida, evolução cósmica – se refaria o mundo em sua totalidade, nós aí incluídos. Mas vem a reflexão crítica e denuncia a ilusão que consiste em elevar ao absoluto conhecimentos particulares ligados a categorias determinadas e a *um* único dos modos do englobante. Quando se transpõe este limiar da reflexão filosófica, todo o ser como objeto, portanto conhecível, fica "*em suspenso*" (*in der Schwebe*). É preciso perder pé diante do ser do mundo, para compreender o que é conhecer o mundo em sua verdade. Mas, ao mesmo tempo, a claridade verdadeira do conhecimento particular, ligado a esta experiência do ser abissal do mundo, mostrará o englobante que contém em si todos os fenômenos.

É então que a nossa liberdade se nos faz perceptível. Fazemo-nos livres, livres para o mundo, livres para nós mesmos no mundo, livres para nós mesmos em face da transcendência. E também livres para a verdadeira ciência.

Jaspers enumera as conseqüências da presença atual do englobante para a nossa maneira de conhecer:

– O mundo não assenta firmemente sobre si mesmo, como se fosse "o em si". Está "*in der Schwebe*". Toda a concepção total, exclusiva e restritiva, se acha excluída (mecanismo, biologismo, evolução cósmica etc.). Se acha excluída também toda a metafísica supostamente científica, com a sua metodologia característica, que consiste, em extrapolar, em tirar conclusões "prováveis" relativas ao ser em si. Toda a representação total do universo é enfraquecida e denunciada.

– A "teoria total" é substuída por uma multiplicidade de teorias, cujo valor se mede pela sua fecundidade heurística. Fica-se na confrontação contínua da teoria e da experiência. Situamo-nos num momento do devir científico, sem antecipar nunca nenhum conhecimento total e definitivo.

– Não há método universal da ciência, mas pluralidade de métodos sem nenhuma unidade.

– Havemo-nos, não com o ser, mas com *níveis* e *modalidades* do ser.

– Não existe nenhum quadro definitivo do saber, mas uma abertura radical, uma disponibilidade a respeito de toda a experiência nova, conforme cada um dos modos do englobante.

– As discussões sem sentido em que se entrechocam afirmações opostas relativas à totalidade, ao princípio e ao fim último, são eliminadas. Nos limites do saber, não é a alternativa teórica radical que triunfa ("ou ..., ou então ...."), mas, ao contrário, a compreensão das antinomias. Jaspers faz notar que é no contrário daquilo que se passa nos limites da ação que reina a alternativa absoluta de liberdade.

Mas ele avisa o leitor. O homem que descobriu, só com o entendimento (*Verstand*), a sua impossibilidade de dominar um saber total, reconciliando-se assim consigo mesmo, corre o risco de fazer assim apenas uma experiência caótica. Pode vir a ser *mais* ou *menos*, que o entendimento. Perdida a confiança na própria unidade acessível, corre o risco de se abandonar aos simples impulsos vitais do instinto, ou a uma obediência cega e incondicional. Em compensação, pode recorrer à razão (*Vernunft*) para buscar, mais além de um impossível conhecimento da totalidade, a verdade que, por meio da razão, emerge para ele do fundo do englobante.

Talvez estes poucos pensamentos extraídos do grosso livro *Da verdade* deixem entrever como esta obra multiplica as dimensões, as perspectivas, a natureza da significação do termo "verdade". Em conseqüência disso, a própria noção de verdade é irremediável e indissociavelmente filosófica: ela está sempre e em toda parte (não pode deixar de estar) filosoficamente *em questão*, dependendo necessariamente do sentido e alcance que saiba e queira, existencialmente dar-lhe quem a busca. Quanto mais claramente forem distinguidos os modos do englobante, tanto mais fortemente aparecerá o seu comum enraizamento na existência, sem a qual a verdade seria mentira, ilusão e superstição (28 a 25).

A FÉ FILOSÓFICA

A fé filosófica, tal como se apresenta em toda a obra de Jaspers, é, simultaneamente, o que pode haver de mais frágil e de mais invulnerável, mas em um duplo sentido. Não se vale de nenhum estatuto comunitário, nenhuma autoridade, nenhum livro sagrado ou revelado, nenhuma instituição. Não dispõe de qualquer meio de coação, seja ele uma simples prova racional. Não pode reivindicar para si a mínima evidência científica. É, portanto, incapaz de ditar, com firmeza impessoal, uma conduta que se suporia a única correta, e de justificar um programa de ação ou ordem que obrigasse a todos. Entretanto, é ela que ilumina *o outro lado* do real, é nela que a comunidade desunida pode encontrar as suas bases, a autoridade abalada o seu fundamento, a conduta moral as suas raízes, a planificação os seus fins. A própria racionalidade científica é dela que tira a força de sua evidência. Todas essas realidades são no mundo bem mais poderosas do que ela e ela se perderia, se tentasse apropriar-se da sua força e do seu prestígio. Mas é ela, em contrapartida, que esclarece a sua origem, o seu sentido, os seus limites, e que pode tornar um homem inabalável, firmando-o acima de qualquer receio.

Por fidelidade a esta fé, Jaspers jamais deixou de afirmar, ao longo de sua vida, a mais indomável independência em relação a toda a forma de adesão confessional, fosse a uma comunidade religiosa, uma autoridade consagrada ou um livro tido como o único. Mas esta independência absoluta diferia em dois aspectos essenciais, da dos agnósticos. Primeiro, longe de se basear na auto-suficiência da razão, ela hauria a sua força na submissão última à transcendência, ao silêncio do ser. É a plenitude deste silêncio que Jaspers defendeu contra toda a Revelação.

Depois, a sua atitude de recusa em relação às diversas confissões institucionais, não foi nunca uma ruptura. Jamais interrompeu o seu debate essencial, o seu esforço por se "comunicar", com aqueles cuja fé em uma Revelação lhe parecia autêntica. (36 a 44).

Os grandes filósofos. A fé filosófica é a existência segura da sua liberdade pelo compromisso constantemente assumido em face da transcendência, da qual tem tudo. Não se realiza no abstrato nem na solidão, como já vimos, mas na situação e comunicação. Qualquer recurso a pressões seria contrário à sua natureza e ao seu sentido. Ela pode somente "apelar" à existência de outros e receber, por sua vez, os seus apelos.

Para Jaspers, o espaço privilegiado onde a fé filosófica se revigora na comunicação com os espíritos mais elevados e livres, é o da tradição filosófica, o mundo dos grandes filósofos do passado. Cada uma das suas obras é uma chave privilegiada que desperta e renova a presença da existência em face da transcendência. Para nós, ocidentais, a tradição filosófica onde aprofundam as nossas raízes, é a que nos vem dos Gregos e daquilo que Jaspers chama "religião bíblica". Mas esta tradição, não obstante a sua inesgotável profundidade, não é a única.

Para uma filosofia mundial. Foi sobretudo nos anos do "exílio em seu posto", sob o nacional-socialismo, que se definiram, no espírito de Jaspers, as linhas de força de uma nova tarefa. Agora já não bastava ser europeu. Assim como a história dos homens de todo o planeta estava a ponto de se tornar uma mesma e única História universal, assim também a Filosofia, que se havia desenvolvido separadamente a partir de três grandes origens: Europa, China, Índia –, não teria doravante mais que uma mesma e única história. Cada um dos grandes filósofos situa-se e enraíza-se, inquestionavelmente, no seu contexto temporal e geográfico, decisivos para a sua unicidade existencial. Mas, ao mesmo tempo pela sua historicidade, o filósofo transcende o tempo e é contemporâneo de todos os demais, também de Jaspers. O mais além filosófico do tempo lhes facilita o diálogo, a comunicação entre si. Juntos, eles formam virtualmente uma única tradição mundial, cuja unidade cada um se esforça por compreender, alargando e intensificando a comunicação e eliminando as barreiras. Para além do declínio da filosofia européia, Jaspers percebe assim o anúncio de uma filosofia mundial.

Muito mais que o grosso volume publicado sobre "Os grandes filósofos", a sua obra póstuma demonstra a enérgica ambição com que se empenhou nesta nova perspectiva. Tinha em mente estudar a filosofia mundial numa largueza sem precedentes, sob ângulos muito diversos. Multiplicou esboços, notas, leituras. A paixão que punha em tudo isso provinha não de um projeto ambicioso que quisesse daí para o futuro abranger toda a terra, mas do fato de que uma filosofia mundial, quando se recusa a ser abstração empobrecida das tradições particulares, se liga necessariamente ao humano no homem, sem que nada de acessório a venha desviar. (45 a 50).

POLÍTICA

A filosofia de Jaspers impregna toda a sua vida, dando-lhe, a todos estes níveis: o do sábio e do médico, do psicológo, do professor, do marido, – uma unidade excepcional que se consolida e reforça mais ainda ao nível do cidadão. Jaspers nunca pôde fazer "política ativa" por causa do seu estado de saúde e, talvez também, da sua "paixão filosófica". Mas a política representava para ele um teste, talvez o teste por excelência, da autenticidade das idéias e da coragem que as avigora. Esta coragem está, aliás, unida à exigência da liberdade e da verdade. Coragem de um saber em que a prudência e o sentido do absoluto se reforçam mutuamente, sem confusões, inflexível em seu rigor, coragem como jamais vi em qualquer outro: imediata e refletida, intemporal e ajustada ao pormenor concreto de cada circunstância, imperturbável e sem rigidez, pregada aos princípios e transcendendo todas as fórmulas. A coragem de um homem de Estado com dimensões proféticas.

Karl Jaspers, um homem plenamente culto, porta-voz da cultura, que se sentia aberto a toda a tradição e a todo o pensamento existente à face da terra, que supunha a humanidade empenhada, de bom ou mau grado, em uma história doravante mundialmente solidária e num intercâmbio cultural universal, era, culturalmente, um "conservador", atento às vozes do passado. Mas mantinha-se, ao mesmo tempo, extraordinariamente vigilante diante daquilo que a nossa época possui de único, "sem precedentes". Advertiu de que a humanidade não se salvaria da sua aventura senão a custo, de que era necessária "*uma conversão*". Só que esta conversão não coincidia com nenhuma receita nem doutrina, com nenhuma confissão religiosa, nenhum sistema político ou social. Desta sorte, a sua crítica do presente era impiedosa, e a sua liberdade total em face das opções oferecidas.

Interveio explicitamente, por diversas vezes, no domínio político. Antes da chegada do nazismo, lança uma advertência com a sua pequena obra, "*A situação espiritual do nosso tempo*" (*Die geistige Situation der Zeit*). Depois da guerra, publica "*A culpabilidade (alemã)*" (*Die Schuldfrage*), esforçando-se por ajudar os seus compatriotas a superar o desespero gerado simultaneamente pelos crimes e pela derrocada do Reich, a esclarecer e reconhecer a sua parcela de culpa individual e coletiva, e a formar lucidamente uma opinião política justa e construtiva. Achava que, tendo ele mesmo sofrido sob o regime nazista, tinha o direito – e o dever – de falar. Retoma os assuntos políticos depois de 1956, ao criticar a política do governo alemão, que, a seu entender, estabelecera uma falsa hierarquia entre o objetivo *da reunificação* (finalidade nacionalista) e o *da liberdade* (finalidade transcendente). Por outro lado, examina a situação política sem precedentes criada pela *bomba atômica*, quando é impossível renunciar ao valor mais alto que continua sendo a liberdade.

Segundo o pensamento de Jaspers, a política não deve ser deixada exclusivamente aos políticos profissionais. Ela exige, – como aliás todos os atos importantes da vida – como condição prévia, algo mais que a competência, algo que, desgraçadamente, se dilui, muitas vezes, em sentimentos vagos e lengalengas. Na verdade, a luta política é uma luta travada entre as forças do espírito, que não são nunca perfeitamente claras, e as linhas de confronto permanecem confusas. Um professor de Filosofia como ele (por respeito e pudor, Jaspers apresentou-se sempre como "professor de Filosofia" e não como "filósofo") está incumbido, não de fazer propaganda para impor uma orientação política determinada, mas de contribuir, com seus escritos, para que a constelação de espíritos do momento se torne tão brilhante quanto possível, de modo a estimular nos outros uma consciência mais lúcida e refletida sobre as opções políticas realmente apresentadas e seu risco no plano da liberdade existencial. Jaspers pretendia provocar a reflexão político-moral na consciência dos alemães. Os problemas cujos dados concretos sublinhava, hierarquizando seus riscos, eram apenas exemplos; é precisamente a propósito de exemplos reais, de situações que se apresentam, *hic et nunc*, que a consciência política se há de exercitar, "*afirmar-se*" (*sich bewähren*).

Trata-se, portanto, mais uma vez, de elucidar, de clarificar e estimular a coragem na decisão livre. Jaspers quer mostrar, de uma só vez, o que são os dados reais e o que é que ele *pretende*. Para ele é a mesma coragem que permite observar os fatos tais quais são e tomar uma decisão que leve em conta a sua realidade, sem todavia se submeter nunca a eles. Desenvolver assim, em si e nos outros, a faculdade de julgar é, segundo Jaspers, a tarefa de um "*escritor político*", personagem que ele contrapõe aos "políticos ativos" (que não pretendem esclarecer, mas ganhar, que não querem que os homens sejam maiores, porque os desprezam) e aos "homens de estado", cujas responsabilidades e grandeza reconhece.

O escritor político mostra o que há, o que pode haver e o que é impossível. Não busca o poder. Sabe que a roda da história não gira segundo uma necessidade, quer esta seja concebida como obscura ou conhecível. Ele conhece a importância de toda a espécie de dados que determinam a vida dos homens, particularmente a daqueles dados que eles mesmos produziram, mas sabe também que os atos dos homens influem, de forma decisiva, no curso dos acontecimentos. Intervém, esforçando-se por colocar os estímulos no campo da reflexão humana, e evitando seduzir o homem no apelo aos seus instintos e à sua afetividade. Mas a sua influência é imprevisível.

Além da responsabilidade propriamente política, ele leva consigo uma outra responsabilidade: é responsável pela verdade e não pode, nem por respeito a quem quer que seja, nem por desejo de eficácia ao serviço deste ou daquele fim, alterar ou limitar a sua expressão. Deste modo, ele desenvolve o seu trabalho no mundo intemporal da *philosophia perennis* e, ao mesmo tempo, no da atualidade mais palpitante.

Democracia. Jaspers crê na Idéia de democracia, única possibilidade, a seu ver, de liberdade, de verdade e de paz. Não ignora nenhuma das incertezas que ela pode suscitar, mas tais incertezas não contam com uma saída melhor.

Jaspers não fala de democracia mas da *Idéia* de democracia: é que esta é apenas uma possibilidade aberta, jamais uma realização. A luta pela democracia apresenta duas frentes: luta-se, de um lado, para *preservar* as possibilidades que ela oferece ao salvaguardar a liberdade política; luta-se, do outro, com a imperfeição essencial e infinita implicada no esforço de realização dessas possibilidades.

Segundo Jaspers, nenhuma definição diz o que é a democracia. Mas ela não é um mistério. A sua natureza corresponde à do homem, que está sempre "a caminho da liberdade" e sempre ameaçado por si mesmo. Nada, portanto, de admirar que a democracia tome formas diferentes nos diversos Estados.

Toda a democracia verdadeira está, no que concerne à Idéia, exposta à crítica – uma crítica que nem é inspirada no niilismo cínico, nem na ilusão utópica de uma outra democracia tida como perfeita. Quem assim critica, nem é pessimista nem otimista. Tem simplesmente consciência, ao mesmo tempo, da liberdade e do destino. Daí, a ambigüidade constante da crítica em um regime democrático: em uns, ela afiança a adesão à Idéia de democracia; em outros, o desdém que sentem por esta Idéia e por quem a serve.

Como toda a idéia parcialmente encarnada, uma democracia real admite sempre perversões e mentiras. Apesar disso ela não deixa de ser a via única, necessária, infinitamente difícil, por onde os homens se encaminham para uma liberdade possível, e tentam organizar o mundo segundo este avanço.

Se toda a democracia real é relativa, ela não encontrará o seu sentido e valor fora de um compromisso absoluto, como é o da fé filosófica ou o da fé religiosa. A democracia perde toda a sua consistência, se os cidadãos estiverem vazios de absoluto e se contentarem, no plano político, com êxitos atribuíveis à habilidade.

Jaspers recusou-se a assemelhar a democracia àquilo que ele chamava oligarquia dos partidos, em luta uns com os outros, porém, solidários na caça ao voto. Apóiam-se no Estado, em vez de o servir. Subordinam o Estado aos interesses comuns dos políticos de profissão.

Não existe democracia senão na medida em que tudo se passa abertamente, sob o olhar dos cidadãos. É necessário, portanto, que a imprensa goze de uma independência real e se reconheça responsável, mas só no que toca à verdade. Os que se expressam por esse meio, assumem o que escrevem, não como representantes de organizações ou grupos, mas a título pessoal.

A democracia exige que seja garantido um domínio, onde o espírito atue livremente, conserve a sua independência e alcance a sua eficácia.

A paz pela supremacia do Direito. Jaspers afrontou, em sua reflexão, a situação sem precedentes criada pela bomba atômica. O que é sem precedentes é a dimensão quase absoluta da ameaça que impende sobre o homem e sobre a sua vida, ameaça que poderia ser, ao mesmo tempo, total e definitiva. Quem reflete sequer um pouco, desejaria que a bomba fosse eliminada. Mas isso exigiria um controle recíproco entre as potências. Como não se vê meio de estabelecer este controle nas condições atuais, cada qual se tranqüiliza como pode: ninguém ousará usar da bomba atômica; ninguém se atreverá mais a fazer a guerra; a suprema ameaça traz a salvação. Enquanto nos quedamos na expectativa, a guerra continua entre pequenos estados.

O ponto decisivo para Jaspers seria a instauração de um controle recíproco, não só porque se contaria então com o máximo de probabilidades de que o recurso à bomba seria excluído, mas sobretudo porque tal controle poderia ser o prelúdio da *supremacia do Direito sobre as nações*. Com efeito, segundo Jaspers, só o reinado do Direito poderá assegurar, não uma trégua precária, mas uma verdadeira paz.

Ele especifica *as severas exigências da paz* – como veremos, bem diferentes dos princípios que inspiram ainda hoje as organizações internacionais, incumbidas da sua salvaguarda –: respeitar os tratados; renúncia à soberania absoluta dos Estados (e, portanto, ao direito do veto); circulação ilimitada de informações, sem qualquer censura; interesse de cada Estado pelos assuntos internos dos outros, de tal maneira que as ofensas aos Direitos Humanos possam ser submetidas a uma autoridade jurídica supranacional; possibilidade de revisão dos tratados e de fronteiras injustas do passado por uma autoridade supranacional; consulta ao voto secreto, garantindo aos povos poderem dispor livremente de si mesmos.

Hoje, quase todos estes princípios são rejeitados na realidade. Mas não haverá paz a menor preço. O que os "políticos" chamam hoje "paz", são apenas tentativas para alongar a trégua.

É certo que a opinião pública se faz ouvir. Por toda a parte se erguem protestos contra a bomba criminosa. Mas as associações pacifistas nada mais fizeram contra a guerra do que construir uma fachada de opiniões e sentimentos.

Conversão ético-política. Jaspers vai mais longe. Como já vimos, se a humanidade não quiser perecer, os Estados deverão optar pela limitação de sua soberania, criando entre si situações contratuais, uma ordem de direito internacional, graças a uma boa técnica institucional. O homem, então, aparentemente, não teria necessidade de mudar; instituições inteligentes impediriam os indivíduos de deixar à rédea solta os seus instintos de violência e aventura. – Pura ilusão, diz Jaspers. Nada disso ocorreu até o presente e as tentativas feitas em tal sentido são antes o disfarce dos esforços que cada um faz por garantir uma posição de força. O armamento atômico não cessa de aumentar. É preciso, portanto, ir *mais além da política*, escutar a resposta que os profetas do Antigo Testamento deram há séculos, mudar a nossa atitude moral e a nossa maneira de pensar, *converter a nossa vontade ético-política* (*sittlich-politische Umkehr*).

O que se chamou por muito tempo "dever" e que só dizia respeito à consciência individual, transformou-se em condição de sobrevivência para a humanidade. "Sem conversão, a vida dos homens está perdida."

Mas uma conversão não pode ser planificada. À pergunta: "Que devemos fazer?", nenhuma resposta prescritiva pode ser dada. Nenhuma outra coisa se pode fazer senão apelar para as possibilidades adormecidas, mostrar a situação atual tal qual ela é, fazer ecoar as vozes instantes do passado. Uma conversão não se obtém pela força; não é coisa de opinião, mas de maneira de viver, de decisão individual em liberdade.

Para o realista, a natureza humana continua como sempre foi. Absolutamente pessimista, sem esperança, ele pratica a política do dia-a-dia. O moralista, esse, prende-se à idéia do homem futuro, renascido; negligenciando a realidade atual, faz exortações que ninguém entende.

Ambos esquecem, pensa Jaspers, o que significa "dar a sua vida", "morrer", "sacrificar". Há qualquer coisa nestes comportamentos que "a razão empírica" não consegue explicar. Qualquer coisa diferente.

A última alternativa. No limite, a bomba atômica nos leva a pôr à própria consciência um problema estranho: uma ação humana que pode conduzir ao aniquilamento total da humanidade será, por tal fato, absolutamente má? Existe um limite onde o direito de pôr a vida em jogo acaba? Será nosso dever renunciar à bomba atômica, incondicionalmente, antes que a paz mundial esteja consolidada, antes que seja instituído um controle recíproco da produção da energia atômica? No momento em que o totalitarismo hitleriano ameaçava o mundo inteiro, Einstein resolveu contribuir, com os seus conselhos, para a produção da bomba atômica. Uma situação semelhante poderá repetir-se de novo, dando sentido a uma decisão análoga, tomada com conhecimento e consciência?

A resposta, desta vez, não depende da previsão de acontecimentos mais ou menos prováveis, mas da consciência de quem decide, para além de qualquer justificação política ou mesmo moral. Qual a nossa resposta?

Jaspers evoca uma situação política possível. Quando tiverem sido negligenciadas todas as outras possibilidades: supressão da bomba sob controle recíproco; proteção do mundo livre pelas armas convencionais, à custa de sacrifícios constantes da população para a formação militar e o equipamento econômico; firme organização da solidariedade total entre os Estados livres, – o momento de decisão poderia colocar os governantes diante deste dilema: ou usar a bomba ou suportar o totalitarismo. Seria já demasiado tarde para escolher outras possibilidades.

Diante da ameaça (talvez) total contra a vida *ou* contra a liberdade, a unanimidade contrária à bomba se desfaria. Nenhuma resposta pode ser dada de antemão, mas é preciso elucidar o problema para não andarmos às cegas. É indispensável conhecer o que está em jogo, ver tão claro quanto possível. A clareza poderá produzir efeitos preventivos na política presente.

No limite, a questão deve ser posta com toda a crueza, de modo a eliminar subterfúgios e falsa confiança, bem como toda a espécie de fatalismos prontos ao pior, que se supõe inevitável. É necessário fazer uso da razão, que compreende em si a boa vontade.

A penúltima esperança da razão é a confiança na razão dos outros homens. Mas esta confiança pode malograr. Que resta então?

Jaspers lembra Jeremias, ao responder ao seu discípulo Baruch, desesperado porque o Estado, o povo, e a própria fé dos últimos judeus haviam perecido: "Assim fala Javé: Em verdade, o que construí, eu o destruo, o que plantei, eu o arranco, e tu, tu reclamas para ti algo de sublime? Não reclames!..." Jaspers interpreta: "Que Deus exista, é o bastante".

Graças a esta última perspectiva, o absoluto (o imperativo categórico, o incondicional) nunca foi abolido, nem o poderá ser. A coragem não está em predizer resultados funestos, mas em fazer o que é possível, no saber e no não-saber, conservando a esperança até ao último alento. (51 a 56).

HISTÓRIA

O homem é um ser histórico, porque é consciente da sua finitude. Ser consciente da sua finitude é viver no tempo, buscando na sucessão do efêmero um sentido permanente, logo, fora do tempo. A História exclui igualmente a permanência da natureza, daquilo que existe "em geral", e a permanência da eternidade, que a destruiria. Por isso, "um fim da História" que fosse um remate histórico, é impossível e inconcebível. Mas, ao mesmo tempo, a História não pode deixar de tender para esse fim. Não há nela perfeição definitiva, mas História não pode deixar de tender para essa perfeição. A História vive do seu próprio paradoxo. A sua intenção e o seu malogro são condições de sua realidade e do seu sentido. O todo-unidade para o qual não pode deixar de tender, é uma *Idéia*, no sentido kantiano do termo.

História, natureza e trans-história. A natureza é para a História, simultaneamente, fundamento, condição permanente e ameaça radical: bastaria um cataclismo ou um simples processo natural, para que a História se extinguisse com a desaparição do gênero humano. Tudo o que acontece na História, é absolutamente efêmero. Todavia, é na História e em nenhum outro lugar, que os homens encontram os riscos que imprimem um cunho de absoluto nas suas decisões existenciais. O curso da História é entendido como um devir impessoal; no entanto, ele só atinge o seu sentido para os seres humanos individuais. Este caráter essencial da condição humana, que consiste, para cada existência possível, em assumir conjuntamente o entrecruzamento paradoxal dessas dimensões contraditórias, é chamado, em Jaspers, *historicidade*. A historicidade, como história, implica, enquanto intenção e condição de sentido, algo que está mais além da História, uma dimensão trans-histórica.

A cifra do "período axial". Na tradição ocidental, esta referência à trans-história foi feita através de Cristo, origem, nexo e fim dos tempos. Mas, como já vimos, segundo Jaspers, a História hodierna tornou-se universal. O nó da História não pode ser só cristão, deve ser universal. É necessário que todos os homens, de todas as culturas, de todas as religiões, o possam entrever e reconhecer, em alguma parte da História humana. Não o poderão constatar como um fato puro e simples, mas *decifrá-lo*, perceber nele a presença transcendente.

Esta cifra histórica universal, Jaspers encontrou-a no que ele designa como *período axial*: em torno de 500 antes de Cristo, num processo que vai de 800 a 200 antes da era cristã, na China, na Índia, no Irã, na Palestina e na Grécia, houve pensadores que não sabiam nada uns dos outros e tiveram consciência, ao mesmo tempo, da realidade do homem e da sua condição. Diante do nada, buscaram, com lucidez, o sentido e a salvação. Ordenaram a racionalidade e fundaram as grandes religiões.

Mas, se a referência à trans-história é indispensável à História, ela não subtrai nada ao instante presente em que a existência "situada" se decide em face da transcendência. Ao contrário: é a trans-história que dá à existência a sua historicidade e à unicidade de cada instante, *hic et nunc*, o seu valor absoluto. (57 a 60).

PSIQUIATRIA

1. *Psicologia explicativa e Psicologia compreensiva*

Entre *relações compreensíveis* e *relações causais* existe uma diferença radical. Nós *compreendemos*, por exemplo, um ato a partir dos seus motivos, mas *explicamos* causalmente um movimento pela excitação nervosa. *Compreendemos* que as emoções engendrem estados de alma e que estes possam dar origem a certas esperanças, a representações imagináveis ou a temores, mas *explicamos* a aparição ou desaparecimento de tendências da memória, de fenômenos de fadiga ou de recuperação. Compreender um fenômeno psíquico, partindo de outro fenômeno, é apresentar também, como se diz, uma *explicação psicológica*. E os investigadores das ciências da natureza, que só se ocupam das percepções sensíveis e das explicações causais, experimentam uma justificada repulsa contra toda a explicação psicológica que pretenda, em uma matéria qualquer, *substituir* sua pesquisa. Estas relações compreensíveis entre fenômenos psíquicos são também denominadas *causalidade interna*, ficando assim sublinhado o abismo infranqueável que existe entre estas relações, só metaforicamente causais, e as relações causais propriamente ditas da causalidade externa.

Quando o objeto da pesquisa é o homem, a análise compreensiva e a análise causal explicativa se amalgamam de maneira bem complicada. Mas basta uma reflexão metodológica um pouco precisa para aí podermos ver de forma perfeitamente clara.

(*Gesammelte Schriften zur Psychopathologie*, p. 329)

2. *Psicanálise*

a) Em Freud, trata-se de fato de psicologia *compreensiva* e não de explicação *causal*, como ele pensava. Há, é verdade, explicações causais que desempenham um certo papel, quando dados físicos, aos quais se liga um *conjunto* de relações compreensíveis, são tidos como causas, por exemplo, da paralisia de um braço, de um distúrbio de consciência, etc.

b) Freud leva-nos ao conhecimento indiscutível de numerosas relações compreensíveis *isoladas*. Compreendemos como os complexos, reprimidos fora da consciência clara, reaparecem por meio de símbolos. Compreendemos que os instintos recalcados ensaiem processos de reação. Compreendemos também a distinção entre processos primários, autênticos, e os processos secundários, que apenas existem como símbolos ou sublimação. Em parte, Freud desenvolve, neste caso, detalhadamente, os ensinamentos de Nietzsche; penetra profundamente no psiquismo despercebido (*unbemerkt*), fazendo-o voltar à consciência.

c) A confusão entre relações compreensíveis e relações causais deu lugar a que Freud caísse no erro de proclamar que *tudo* na vida psíquica, *cada* processo, é *compreensível* (isto é, segundo ele, determinado por um sentido). Só a exigência de uma causalidade ilimitada se pode admitir com razão, e não a de uma "compreensibilidade" sem limites. Este erro traz consigo um outro. Partindo de relações *compreensíveis*, Freud desenvolve algumas teorias sobre as causas do processo psíquico total. Ora a compreensão não pode *nunca*, por sua essência, conduzir a teorias, – ao passo que as explicações causais levam *sempre* necessariamente à teoria (*a interpretação* suposta de um único processo psíquico – não há mais que interpretações isoladas deste tipo – não se faz evidentemente por meio de uma teoria).

d) ...

e) Existe uma outra falha nos ensinamentos de Freud: a simplificação crescente da compreensão, devida ao fato de que os processos compreensíveis se convertem em *teoria*. As teorias levam à simplificação, ao passo que a compreensão revela uma infinita diversidade. Freud acabou por acreditar que o psiquismo, quase por inteiro, pode ser compreendido como derivado da sexualidade, entendida em sentido lato, enquanto força primitiva única. Particularmente, muitos dos escritos dos seus discípulos são de uma simplicidade que os torna fastidiosos e insuportáveis. Já se sabe de antemão que, em cada um desses trabalhos, se encontrará sempre a mesma coisa. Aqui a psicologia compreensiva não avança.

(*Gesemmelte Schriften zur Psychopathologie*, págs. 337-338).

A FILOSOFIA DA EXISTÊNCIA

3. *Origem e intenções*

A filosofia da existência é, em sua essência, metafísica. Onde brota,cresce.

A existência, que está na origem da verdadeira vontade de conhecer, é ela mesma incognoscível. Por conseguinte, o pensamento filosófico, quando voltado para si, deve sofrer necessariamente uma cisão original, a fim de atingir indiretamente o que não pode alcançar como alvo direto. A busca filosófica inspirada pela existência possível apropria-se de tudo o que se pode pensar e saber a fim de aí suscitar a existência, e a transcendência onde esta poderia ser anulada. O pensamento de que se serve é um projetor que não reflete apenas os objetos sobre os quais incide a luz, mas igualmente essa mesma luz que, refletida, anuncia a possibilidade da existência.

Todavia as direções em que se reparte o esforço deste esclarecimento, não são arbitrárias. Para descobrir o ser na sua autenticidade, a partir do abismo sem fundo, a reflexão há de articular-se, servir-se de caminhos diversos, para logo em seguida voltar à unidade.

Para captar estas articulações da busca filosófica em sua origem, partiremos novamente do ponto que havíamos atingido, quando, de entre a mutiplicidade, três nomes do ser se impuseram. Estes nomes não o designam como diviso e fracionado, mas como *o Todo, o Original, o Uno*: o Todo do real é *o mundo*; o Original em nós é *a existência*; o Uno é *a Transcendência*.

O mundo é a realidade empírica que encontro como ser cada vez individualizado sob a forma de objetos, tal como eu sou igualmente realidade enquanto empiricamente determinado. O conhecimento do mundo é objetivo, sendo que a coisa, como objeto, se encontra sob o nosso olhar, enquanto o todo do mundo não é nem objeto nem totalidade determinada. Do ser que é, em si mesmo, não-objetivo só me posso certificar esclarecendo-o por meio de uma objetivação inadequada. Este ser não objetivo é *a existência* enquanto esta se me faz originalmente presente, porque eu mesmo o sou; e se chama *transcendência* enquanto ele é o ser sob a forma objetiva de uma cifra que só a existência pode perceber como tal.

Que todo o dado empírico se torne fenômeno pela intervenção do conceito-limite do ser em si, que a existência não possa ter-se por ser absoluto, que ela, ao contrário, se reconheça referida à transcendência, é o caminho aberto àquilo que em nós se dispõe a ir à busca do ser. Esta busca terá desde logo três propósitos que, por indeterminados que sejam, se geram mutuamente: penetrar no mundo para nele se orientar; ultrapassá-lo para se referir a si mesma como existência possível; abrir-se à transcendência. Encaminhando-se pelo mundo, vai captando o que é cognoscível, para se distanciar em seguida e ser *orientação no mundo*; subtraindo-se à única realidade "do mundo", faz nascer aquela atividade pela qual o eu se atua e ela se torna *esclarecimento da existência*; ela conjura o ser e converte-se em *metafísica*.

(*Philosophie*, I, págs. 27-28)

4. *Pesquisa filosófica e situação*

Quando pergunto, por exemplo: O que é o ser? Por que é que existe algo e não existe nada? Quem sou eu? Que é justamente o que eu quero? – estas perguntas não as fazia ao princípio. Ponho-as partindo de uma *situação* em que, em conseqüência de um certo passado, me encontro agora. No despertar da consciência de mim mesmo, descubro-me num mundo onde me oriento; tinha pegado nas coisas e, depois, deixara-as ficar; tudo caminhava por si e tudo estava simplesmente presente. Mas agora, surpreso e admirado, pergunto a mim mesmo o que é que existe propriamente; pois tudo, absolutamente tudo, é efêmero; eu não estava no começo e não estou no fim. Situado entre o começo e o fim, interrogo-me sobre um e outro.

(*Philosophie*, I, págs. 1-2)

Partindo de uma realidade histórica e de dados cognoscíveis, partindo do mundo, nenhuma compreensão satisfatória de mim próprio, ser em situação, é possível; menos ainda uma compreensão do mundo a partir da minha situação. A pesquisa filosófica, que começa por esclarecer a situação, é instável, porque a situação também é movimento sem repouso, pois depende conjuntamente do devir universal e das decisões da liberdade. É por isso que, malgrado toda a precisão do detalhe, a situação, como a pesquisa filosófica, continua *inacabada* como totalidade.

(*Philosophie*, I, págs. 1-2)

ORIENTAÇÃO NO MUNDO

5. *Orientação científica e orientação filosófica*

O conhecimento dos objetos que constituem a realidade empírica chama-se orientação no mundo. É apenas *orientação*, porque, perpetuamente inacabado,tal conhecimento constitui um processo sem fim; é uma orientação *no mundo*, porque é conhecimento de um modo determinado do ser, do ser que está *no* mundo.

É forçoso distinguir orientação no mundo, como conhecimento das coisas que estão no mundo, da *análise da realidade empírica*. Esta visaria a atingir o ser empírico em geral, em toda a sua amplitude englobante, que envolveria também a orientação no mundo. Esforça-se por atualizar as estruturas mais gerais, segundo as quais se realiza não só a orientação no mundo, mas tudo quanto tem que ser para mim; a análise da realidade empírica é uma etapa da busca filosófica do ser.

A orientação no mundo se divide em orientação *científica* e orientação *filosófica*.

Não achamos conhecimento objetivo, como orientação no mundo, fora das ciências tais quais se apresentam em seu desenvolvimento até ao presente. Sem elas, nenhuma orientação *filosófica* no mundo seria possível. Sem uma incansável assimilação da orientação científica e sem investigação científica pessoal, toda a busca filosófica resulta vazia, porque sem matéria. Esta busca há de chocar contra a dureza incômoda da realidade empírica, se quiser chegar até ao ser verdadeiro, como possibilidade que está mais além do saber. Só quem fez esforços apaixonados para se orientar ao nível das realidades concretas, pode nelas descobrir a autêntica orientação filosófica.

A orientação filosófica no mundo não reúne os últimos resultados obtidos pelas ciências numa visão sintética do universo; ao contrário, ela demonstra a impossibilidade de uma tal visão universal, válida para todos, porquanto única e absoluta; a sua pesquisa é a dos elementos problemáticos que implica, de fato, toda a orientação no mundo.

(*Philosophie*, I, págs. 29-30)

6. *O mundo dilacerado*

Como realidade objetiva, o mundo se apresenta de início como algo cuja estabilidade permite que ele seja conhecido, mas com *fissuras*. Com relação universal e recíproca de todas as coisas, seria o mundo único em sua unidade. Mas, para nós, ele não atinge essa unidade e unicidade, nem através de uma representação utópica e sistemática, nem através dos esforços da pesquisa científica. Todavia, mesmo que não possa ser para nós o objeto, ficando preservada a sua unidade, ele podia talvez encontrar essa unidade na Idéia que comanda a tarefa interminável do progresso rumo à totalidade, onde tudo estará universalmente unido a tudo. Ora, qualquer Idéia deste gênero, por pouco que se concretize, se revela de novo como sendo uma idéia particular, no mundo. O mundo uno, enquanto determinado como tarefa na Idéia, corresponde a um impulso da consciência em geral em direção do vácuo, quando esta tenta atingir, para além das perspectivas concretas efetivamente acessíveis, o mundo em sua unidade, – este mundo que, como ser-uno, se furta diante da nossa vista.

Como meio vital subjetivo, o mundo seria – se o pudéssemos estender até à Idéia do mundo único, completo em sua totalidade – um mundo diminuído em sua particularidade cada vez diferente, considerado como se contivesse virtualmente todo o resto. Mas este meio vital depressa se pulveriza em um sem-número de meios vitais que coincidem com o único mundo objetivo que não é outro, por sua vez, que a realidade fragmentada que estuda a orientação no mundo, segundo as diversas perspectivas que abrem caminho para isso.

Deste modo, se eu quiser forjar um conceito do mundo, este me aparece logo nas duas direções, sob a forma de *vários conceitos do mundo que não conseguirão encontrar a sua unidade*.

A tentativa de compreender *o* mundo me obriga a fazer a experiência decisiva da impossibilidade que tenho de o atingir na *unidade do seu ser* ou de me atingir a mim mesmo na *unidade do meu ser*. O mundo torna-se para mim o ser ilimitado, indeterminado em sua totalidade, apesar de todas as suas determinações particulares, o ser que não tem para mim, nem origem, nem fim, mas que continua objetivamente compreensível, determinado em suas particularidades, entre o ser que eu sou e o ser em si da transcendência.

(*Philosophie*, I, págs. 64-65)

ESCLARECIMENTO DA EXISTÊNCIA

7. *O pensamento que esclarece a existência*

Toda a busca filosófica pode, em sentido lato, ser chamada esclarecimento da existência. Este esclarecimento tanto produz o pensamento que se orienta no mundo e a metafísica, como o que leva especificamente este nome. Se viso o Todo, eu me perco em sua abertura infinita e me encontro como que rejeitado; no retrocesso o que fica em relevo não é o meio vital para o qual resvalo a partir do Todo, mas eu mesmo, minha liberdade. Se já experimentei em metafísica que nenhuma das suas formas objetivas é universalmente válida, esse malogro mais uma vez me atinge, de tal maneira que meu ser se esclarece, em minha liberdade, como destinado à transcendência.

Mas, embora não exista nenhuma pesquisa filosófica que não esclareça a existência, é preciso, contudo, falar aqui desse esclarecimento num sentido especial: é uma linguagem que utiliza os sinais originais e as minhas próprias possibilidades para tornar sensível o incondicional contraposto ao relativo, a liberdade à simples generalidade, o infinito da existência possível à finitude da realidade empírica. Mas a objetividade assim constituída no pensamento me há de rejeitar de novo, devolvendo-me a mim mesmo. Contudo esta rejeição tem um caráter diferente da rejeição do Todo ou da transcendência: lá a existência se referia a algo diferente, aqui, ela se refere ao pensamento da sua própria possibilidade. O pensamento tendente a esclarecer a existência, é por ela rejeitado; o esclarecimento da existência se acha aqui girando em torno de si mesmo.

O pensamento que esclarece a existência, incapaz de nos dar o conhecimento **de ser**, *gera*, em compensação a *certeza dele*, quando age na vida; *torna possível* a certeza do ser, quando, usando a linguagem da filosofia como meio de transmissão, lança seu apelo a outrem. Aceita sem reservas o risco de se encontrar "em suspenso" após a orientação no mundo. Mas a clareza que, em todas as dimensões acessíveis à pesquisa filosófica, impregna a liberdade da existência, torna a sua transcendência mais manifesta. Todos os seus caminhos desembocam na metafísica.

Enquanto o homem é capaz de se elevar acima da sua condição empírica, a busca filosófica o impele a abalançar-se à metafísica. A metafísica mostrará ao sujeito existencial o lugar onde – partindo do mundo, na comunicação entre as existências, – a transcendência fala. É aí que o homem encontrará o que é verdadeiramente importante para ele. É aí que ele se pode enganar mais profundamente, aí também que ele pode, mediante o pensamento, achar a certeza mais profunda de si mesmo.

(*Philosophie*, I, págs. 32-33)

8. *Existência possível*

Chamamos "mundo" ao conjunto de tudo quanto se oferece a mim, quando me oriento no saber, entendido como conteúdo cognoscível para todos de maneira necessária. É questão de saber então se o ser do mundo esgota todo o ser e se o pensamento que conhece se detém ao mesmo tempo que a orientação no mundo. O que se chama, em linguagem mítica, alma e Deus, e, em linguagem filosófica, existência e transcendência, não pertence ao mundo. A alma, Deus, não são coisas cognoscíveis no mesmo sentido que o são as coisas do mundo; poderiam sê-lo, no entanto, de outra maneira. Não constituindo objeto de um saber, elas não seriam nada; sem serem conhecidas, seriam, contudo, pensadas.

À pergunta: *Em face do ser-no-mundo, da sua totalidade, o que é que existe ainda?* – a resposta pela qual se expressa uma determinação filosófica fundamental, é a seguinte:

Há ainda o ser que, ao nível fenomênico da realidade empírica, *não existe*, mas *pode* e *deve existir* (*sein soll*) decidindo com isso, no tempo, do seu ser eterno.

Este ser sou eu mesmo, entendido como *existência*. Sou existência na medida em que não me torno objeto de mim mesmo. Nela sinto-me independente, sem poder todavia considerar para isso o que chamo meu eu (*mein Selbst*). Vivo da sua possibilidade; só a sua atualização me faz ser eu. Se tento captá-la, ela me escapa, porque não é um sujeito psicológico. Sinto-me mais profundamente enraizado na sua possibilidade do que naquilo que posso entender de mim enquanto a predisposições ou características, quando me considero objetivamente. Ela se revela a si própria no plano empírico, na polaridade da subjetividade e da objetividade; mas não é aparência de qualquer coisa presente em algum lugar, algo como um objeto cujo caráter fundamental pudesse ser revelado mediante a consideração de alguns dos seus aspectos. Ela só se revela a si própria e a outras existências.

O sujeito empírico não é, portanto, existência, mas *o ser humano* é, *no sujeito empírico*, existência possível. O sujeito empírico é ou não determinado, mas a existência, por ser possível, se encaminha ao seu ser ou dele se afasta para o nada, por escolha e decisão. O sujeito empírico, se comparado aos outros, diferirá deles pela estreiteza ou amplitude da parcela do mundo que abrange, mas a existência difere essencialmente de qualquer outra existência desde o fundo da sua liberdade. O sujeito empírico, como existente, vive e morre; a existência não conhece a morte, mas lança-se ao seu ser ou cai longe dele. O sujeito empírico está presente, é palpável, a existência é apenas liberdade. O sujeito empírico é todo ele temporal, a existência é no tempo mais que o tempo. O sujeito empírico é finito, na medida em que não constitui todo o dado empírico e se fecha sobre si mesmo; a existência também não se destina a si mesma nem é tudo; pois ela não existe senão por referência a outra existência e à transcendência, diante da qual, o Outro absoluto, ela reconhece que não existe só por si mesma; enquanto, porém, o sujeito empírico, como esfera relativa de um dado sem fim, pode ser chamado infinito, a infinitude da existência não tem nada de uma esfera, é possibilidade aberta. Para o sujeito empírico, a ação inspirada pela existência possível é sempre contestável: a sua vontade de viver, para ser durável no tempo, se opõe necessariamente à exigência absoluta da existência, cujas vias lhe parecem suspeitas, porquanto ameaçam ocasionar-lhe perdas ou mesmo conduzi-lo à destruição. A vontade de viver tende a subordinar a ação existencial às condições da própria salvaguarda; mas, para a existência possível, a posse e gozo incondicionais da realidade empírica são já uma ruína, pois ela subordina, por seu lado, a sua atualização empírica a condições nas quais ela se entende a si mesma como absoluta. Mas, quando a condição empírica se lhe manifesta claramente em sua realidade de malogro total, a vontade de viver pura e simples é levada ao desespero.

O sujeito empírico se realiza estando no mundo. Para a existência possível, o mundo é o campo onde ela se revela.

(*Philosophie*, II, págs. 1-2)

9. *Situação e situações-limites*

Dados da minha condição tais como: encontro-me sempre numa situação determinada, não posso viver sem lutar e sofrer, assumo inevitavelmente a culpabilidade, hei de morrer necessariamente – chamo-as situações-limites. (*Grenzsituationen*). *Elas não variam* tão-somente em suas manifestações particulares; na nossa condição empírica, são definitivas. *Elas são opacas* aos nossos olhos; na nossa condição empírica, não divisamos mais nada do outro lado. Elas são como um muro contra o qual chocamos e ficamos imobilizados. Não podemos mudar nada. A única coisa que podemos fazer é vê-las claramente, sem todavia por isso chegar a explicá-las ou a fazê-las derivar de qualquer outra coisa. Elas são dadas com a própria condição empírica.

A palavra "*limite*" significa: existe outra coisa, mas, ao mesmo tempo: essa "outra coisa" não é acessível à consciência na condição empírica. A situação-limite não é situação para a consciência em geral (*Bewusstsein überhaupt*), porque a consciência, enquanto conhece e age em vista de um fim, não a apreende senão objetivamente ou então se contenta de a evitar, de a ignorar ou esquecer; fica dentro dos seus limites, sendo incapaz de se aproximar, mesmo com uma pergunta, da sua origem. É que o sujeito empírico, como consciência, não percebe os riscos; as situações ou o deixam na indiferença ou então o atingem em sua vitalidade sem todavia o esclarecer, obrigando-o a manter-se, obscuramente, em sua confusão. A situação-limite diz respeito à existência, como as situações dizem respeito à consciência que se atém à imanência.

(*Philosophie*, II, pág. 203)

10. *Sitemática das situações-limites*

A primeira situação-limite é que, *como ser vivente, me encontro sempre numa situação determinada*, e não na generalidade, onde se ofereceria a totalidade do possível. Encontro-me nesta situação histórica, nesta situação sociológica, sou homem ou mulher, jovem ou velho, sou guiado pela ocasião ou pelo azar. O fato de estar ligado a esta situação única, com as limitações que implicam os dados particulares da minha condição, tem o efeito de uma situação-limite, quando imagino, por oposição, o homem em geral, com todas as perfeições que se lhe oferecem. A limitação não barra, contudo, o espaço: em cada situação, o possível subsiste como futuro indeterminado. Nesta situação-limite, a inquietação provém do fato de que aquilo que eu decido está ainda por suceder; ela implica, para mim, a liberdade de assumir o que é dado, ao apropriá-lo, como se eu o tivesse querido.

Quando a primeira situação-limite nos faz compreender o que há de histórico em todas as manifestações empíricas da existência, há *uma série de situações-limites* que, embora gerais, atingem o ser humano na sua historicidade sempre específica: a morte, o sofrimento, a luta, o erro.

Estas situações-limites abrem, em terceiro lugar, uma perspectiva sobre a condição empírica: esta é questionada na sua totalidade; perguntamo-nos se ela é possível, ou impossível, ou possível de uma outra maneira. A condição empírica em geral é compreendida como um limite, experimentada na situaçação-limite que torna manifesto *o caráter problemático do ser do mundo e do meu ser nele*. O que existe aí de geral se baseia numa consciência existencial para a qual todo o ser empírico do mundo está em devir, passado, presente e futuro, no seio de uma historicidade absoluta. A consciência de ser, nascida desta situação-limite, o sujeito individual, baseado na sua própria existência histórica, aprofunda-a até à consciência do ser em geral, tal como ele se manifesta historicamente.

(*Philosophie*, II, pág. 209)

11. *A determinação no ato de existir*

À primeira vista, parece que toda a determinação é mero obstáculo e limitação. Todavia, entendida como situação-limite, ela possui a profundidade insondável do próprio ato de existir, quando se manifesta entre os fenômenos.

Esta vivência da profundidade da existência não é simplesmente dada com a consciência da historicidade como tal. Não se atua senão mediante o esclarecimento existencial da situação enquanto situação-limite. Um esclarecimento que não é transmissível, comporta uma origem onde cada um, insubstituível e único, responde perante si mesmo por aquilo que é.

Ao agir, não o faço em um mundo em geral; no entanto, é nele que me oriento para compreender o que há de geral na minha situação. Desta maneira, o fato de viver em uma situação sempre determinada, implica que a minha existência seja tanto mais determinada quanto mais a minha ação responda à unicidade da minha situação. Agindo assim, não sou certamente livre no sentido de que os dados materiais, totalmente dominados, não me opõem nenhuma resistência, nem no sentido de que, havendo desaparecido todo o traço de incompreensão, se gera um acordo completo; sou livre no sentido transcendente, onde a minha existência manifesta a sua historicidade original na realidade empírica: como sujeito autônomo (*Selbstsein*), assumo, *na inquietação da minha liberdade de escolha, a certeza* possível de uma verdade que, para além de toda a clareza e de toda a justificação, reside nesta única situação e nela unicamente.

(*Philosophie*, II, págs. 213-214)

12. *Comunicação ao nível empírico*

A comunicação no sentido da vida com outrem, tal como se realiza de diversas maneiras na vida empírica, comporta relações comunitárias que importa observar, cujas particularidades deveremos distinguir e cujas motivações e efeitos hão de tornar-se transparentes. Cada tipo de comunidade, por mais necessária que seja para a vida e, conseqüentemente para a existência possível, não é nunca, de repente, aquela que, como existência possível, eu queria verdadeiramente. Esta eu devo buscá-la, pelo contrário, no limite onde se detém a comunicação *observadora*. As relações que estuda a Psicologia e a Sociologia são objetos de pesquisa objetiva; a verdadeira comunicação, aquela onde propriamente descubro o meu ser no próprio processo em que o engendro com outrem, não tem, empiricamente, nenhuma realidade; esclarecê-la é uma tarefa filosófica.

(*Philosophie*, II, pág. 51)

13. *Comunicação existencial*

Na comunicação em que me sinto atingido em minha própria existência, outrem é *esse outro ali* e mais ninguém: é nesta *unicidade* que se manifesta a substancialidade desse modo de ser. A comunicação existencial não pode ser nem fingida, nem imitada; é absoluta na sua unicidade. Estabelece-se entre dois "eu" que são apenas isso e, de forma alguma, representantes de uma classe ou de um gênero: não são, portanto, substituíveis. O eu encontra a sua certeza nesta comunicação, na medida em que esta é absolutamente histórica (*absolut geschichtlich*), desconhecível desde fora. Nela só *o eu está com o outro eu em uma relação de criação recíproca*. Por uma decisão baseada na sua historicidade, ao ligar-se a ela, ele renunciou ao ser do eu isolado para possuir o seu ser em comunicação.

Se só sou eu mesmo em minha liberdade, se o outro é e quer sê-lo, e eu com ele, tal afirmação apenas tem sentido *a partir da liberdade como possibilidade*. Quando as comunicações ao nível da consciência em geral (*Bewusstsein überhaupt*) e da tradição se impõem como necessidades vitais, sem as quais se tornaria inevitável cair na inconsciência, a necessidade da comunicação existencial só se impõe à liberdade, mantendo-se por isso incompreensível. Querer furtar-me à comunicação autêntica é abdicar da minha liberdade; se a evitar ao mesmo tempo que o outro, atraiçôo-me a mim mesmo.

(*Philosophie*, II, pág. 58)

14. *Lutar por amor*

Esta comunicação é amor, mas não um amor cego, indiferente, à qualidade do seu objeto. É o amor combativo que se julga lúcido e que do fundo da existência possível, questiona, provoca, exige, compreende a outra existência possível.

Esta comunicação é a luta que o ser humano singular trava pela existência, ao mesmo tempo pela sua e pela do outro. Enquanto a luta pela vida utiliza quaisquer armas, e a astúcia e disfarce são inevitáveis perante um outro tratado como inimigo – sendo que ele é apenas o outro, desconhecido, oferecendo uma resistência semelhante à da natureza –, na luta pela existência trata-se de algo infinitamente diferente: de uma abertura total, da exclusão de qualquer poder ou superioridade, da liberdade (*Selbstsein*) do outro tanto como da própria. Neste combate as duas partes se revelam sem reservas e se deixam questionar. Se a existência é possível, ela se mostrará nesta conquista de si (nunca tornada objetiva) no transcorrer de uma luta onde cada um se doa a si mesmo (doação que se torna em parte objetiva sem que se explique nunca ao nível das motivações empíricas).

(*Philosophie*, II, pág. 65)

15. *Impossibilidade da comunicação*

Diante de certas atitudes humanas características, que condenam à primeira vista e definitivamente ao fracasso toda a aproximação autêntica, só fica a renúncia:

a) Quem vive em uma objetividade petrificada, como um universo de opiniões materializadas, que representam para ele o ser absoluto, se encontra, como sujeito livre (*als er selbst*), fora do alcance. São assim os seres humanos mesquinhos e *supersticiosos* que fogem de toda a comunicação, não se empenham nunca em um verdadeiro diálogo, mas que falam o que ouvem de outros sem o entender. São apenas capazes de uma tagarelice impessoal ou de expor os seus dogmas;

b) O homem cuja moral foi racionalmente *fixada*, que se ocupa menos de agir do que de oprimir os outros com os seus juízos e exigências, desconhece a experiência de uma vida original; procura somente justificar, no tom patético de uma reivindicação moral e desejando obter a evidência disso, conclusões que aplica a todos os casos apresentados. A sua vida revela o que ele é, ações morais em excesso, extraídas em linha direta de certos princípios, se misturam com comportamentos ditados por uma afetividade animal ou manha instintiva. É incapaz de se empenhar, como sujeito livre, na comunicação.

c) O orgulho obstinado do homem que quer ser apenas ele, repele a comunicação. Quereria identificar o mundo consigo mesmo, e só conhece uma vontade: possuir o mundo. Se escuta os outros, é por curiosidade e avidez; não suporta revelar um ponto fraco ou encontrar-se em uma relação de inferioridade. Não busca a solidariedade com os homens, quer conquistá-los e deles se apropriar.

(*Philosophie*, II, pág. 91)

16. *Liberdade*

No começo e fim de todo o esclarecimento da liberdade, se conclui que *ela não pode ser conhecida*, que ela não pode nunca ser *pensada* objetivamente. Certifico-me de que existe *para mim*, não pelo pensamento, mas pela existência; não ao considerá-la ou ao interrogar-me a seu respeito, mas atuando-a; todos os enunciados sobre a liberdade serão sempre meios duvidosos de comunicação, que se prestam a equívocos e só indicam indiretamente aquilo de que se trata.

A liberdade não é absoluta, está sempre vinculada; não é posse, mas conquista. Como ela, a idéia que formamos a seu respeito tem de estar sempre *em movimento*. A consciência da liberdade não se pode enunciar em um único termo característico. É só pelo movimento de um termo a outro termo que se revela o sentido que nenhum dos termos, por si só, deixaria perceber. Assim, nesta expressão "eu escolho", a consciência do ato de decidir atinge efetivamente a liberdade; no entanto, a liberdade não reside no arbitrário da escolha, mas na necessidade que se expressa em um "eu quero", com um sentido de "eu sou obrigado" (*"ich muss"*). Nas duas expressões a existência se certifica do seu ser original na medida em que este difere da realidade empírica, e ela poderia então dizer "*eu sou*", atingindo assim o ser que é próprio da liberdade. Todas estas expressões – eu sou, eu sou obrigado, eu quero, eu escolho – não se referem à liberdade senão *tomadas conjuntamente*. É que nenhum dos termos, isoladamente, sem a interpretação e auxílio dos demais, designaria quer um dado empírico, quer uma coação dos instintos (*triebhaftes Müssen*), quer um ato psíquico arbitrário. Todos estes momentos estão estreitamente articulados na consciência da liberdade e é aí, na origem, que se encontra a profundidade, de onde esses diversos momentos jorram como formas fenomênicas: a escolha não existe sem a decisão, a decisão não existe sem a vontade, a vontade não existe sem a obrigação (*müssen*), a obrigação não existe sem o ser.

Cada fórmula, pois, entendida em um sentido *imediato*, designa uma simples realidade empírica e é esclarecida somente por um movimento transcendente que ela se refere à existência possível. Quando, na busca da liberdade, digo "eu me torno", esta expressão indica inicialmente o que não é de forma alguma livre, mas simples crescimento, entendido como desenvolvimento passivo ao longo do tempo, – e, não obstante, designa a liberdade, na medida em que esta visa à continuidade histórica de uma vontade substancialmente concreta.

A expressão "eu posso", ou "eu não posso" designa, em princípio – propositada ou despropositadamente, segundo os casos – uma relação real entre as forças físicas e psíquicas de um indivíduo empírico e uma situação de poder determinada, – mas não designa a existência. Se me identifico absolutamente com esta condição empírica, eu me reduzo a um objeto e renuncio ao meu ser existencial. É em relação à liberdade transcendental que o enunciado "posso, pois devo" (*"ich kann, denn ich soll"*) adquire seu sentido; mas, em relação à liberdade existencial, o enunciado converte-se em "eu posso, pois sou obrigado" (*"ich kann, denn ich muss"*). Este "poder" já não diz respeito à realização empírica de um projeto determinado, mas a um ato interior e exterior a cumprir, mesmo que ele tenha empiricamente de ser saldado com um malogro. É o poder incondicional que, na consciência da liberdade original, não conhece limites.

(*Philosophie*, II, págs. 185-186)

17. *Origem da consciência de ser livre*

Não há liberdade do ser-o-próprio (*Selbstsein*). Não há nenhum lugar para ela no mundo objetivo, nenhum vazio onde ela possa penetrar.

Mas, se eu conhecesse o ser da transcendência e de todas as coisas em sua eternidade, a liberdade torna-se-ia inútil e o tempo estaria completo: eu estaria na claridade eterna, onde não há nada mais a decidir. Mas, enquanto vivo no tempo, só conheço a realidade empírica tal qual se me revela, sempre que me oriento no mundo, e não o ser em sua eternidade.

Sou, portanto, obrigado (*ich muss*) a querer, porque *eu não sei*. É só ao meu querer que o ser, inacessível ao saber, se pode revelar. O não-saber está na origem da obrigação de querer (*Nichtwissen ist der Ursprung des Wollenmüssens*).

Tal é a paixão da existência: o não-saber não a mergulha de um sofrimento absoluto, porque, em sua liberdade, ela *quer*. Se o não-saber impusesse a idéia de uma não-liberdade irremediável, não haveria outra saída senão o desespero.

Por sua origem, a liberdade está excluída da realidade empírica que estudo cientificamente; é nela que se funda, no seio da realidade empírica, este ser que eu posso ser como eu-sujeito (*ich selbst*).

(*Philosophie*, II, pág. 191)

METAFÍSICA

18. *O Ser*

O que é o ser? Esta é a pergunta que a Filosofia não cessa de fazer.

Como *ser determinado* ele pode ser conhecido. As categorias revelam os modos fundamentais das suas determinações. Ao enumerá-las, a Lógica expressa formalmente os modos do ser: *o ser como conhecido e como pensado* torna-se objetivo, ramificando-se e multiplicando-se. Mas o ser em si não fica reduzido por isso.

Como *realidade empírica*, ele comporta qualquer coisa mais que o pensamento, atinge sem o penetrar. Ao orientar-me no mundo, apropriava-me dessa realidade que, impossível de abranger com o olhar em toda a sua totalidade, podia todavia ser conhecida em certos dos seus aspectos e através do ser particular de cada um dos objetos, permitindo um conhecimento relativo. *O ser como ser-conhecido* comporta sempre o não-conhecido em seus limites. Mas o conhecido, mesmo com o não-conhecido que ele comporta como ser do mundo, não esgota ainda o ser.

Do ser do mundo, mediante uma ruptura (*es durchbrechend*), retorno a mim mesmo como *existência possível*. Encontro-me aí como liberdade, voltada, na comunicação, para outra liberdade. Presente no mundo, este ser que decide ainda se ele é e o que é, não pode nem sair de si nem olhar-se. Mas ele não é mais o ser que esgotaria tudo. Não somente precisa do ser e da liberdade do outro para ser, mas ainda se refere a um ser que não é existência, que é a transcendência.

(*Philosophie*, III, págs. 1-2)

19. *Pensamento metafísico*

Pela ação incondicional nas situações-limites, a existência se orienta concretamente entre as cifras da transcendência que, como *objetividade absoluta*, enchem a sua consciência, assim como os objetos do mundo enchem a consciência em geral.

Mas, se ao nível metafísico, se visa *diretamente* à objetividade absoluta como cifra da transcendência, descobre-se que é impossível captá-la. É preciso buscar o contato com as suas *raízes existenciais*. Só esclarecendo as próprias situações-limites e a incondicionalidade das minhas ações é que eu torno possível o contato, graças ao qual a objetividade dos símbolos adquire valor, porque a sua substância se tornou sensível. A análise sistemática da objetividade absoluta, a sua assimilação e – na medida em que ela não é só imagem e relação, mas conceito pensado – a sua criação, tal é a tarefa da metafísica filosófica.

Às questões apresentadas, não pela consciência em geral, mas pela existência possível nas situações-limites, não encontro no mundo resposta comumente válida, como seria a do saber universal. Mas, quando a existência se compreende historicamente a si mesma ao voltar-se para o ser, encontra certamente respostas: mediante imagens e conceitos, esses objetos finitos que se convertem em símbolos, ela se entrega à profundidade transcendente. Quando a consciência se interroga acerca da objetividade do símbolo, este pode tornar-se *cifra*: escrita de um Outro que, ilegível ao nível da generalidade, é decifrada pela existência. Se nos esforçamos por conservar o objeto, como se, em sua objetividade, fosse a própria transcendência, ele perderá a sua consistência e se desagregará. Mas, se através dele qualquer coisa de absoluto se revelar à existência, ele alcançará uma realidade incomparável. Pela evanescência do seu ser objetivo, ele atualiza o ser verdadeiro para a existência.

Reencontramos deste modo uma objetividade que não se apresentava nas análises dos conceitos de ser. Os objetos que lhe cabem não são realidades no sentido de que me podem ser oferecidas empiricamente como objetos, em qualquer lugar. Como tais, eles não são, do ponto de vista do estudo positivo das realidades do mundo, senão vagas quimeras da consciência. São, na consciência, objetos absolutos para a existência, na medida em que esta encontra neles a sua própria transparência, e se convence da sua transcendência. Não é o entendimento, é a imaginação, não a imaginação arbitrária da consciência, mas aquela onde estriba o fundamento da existência, que é o órgão pelo qual a existência se assegura do ser.

(*Philosophie*, I, págs. 33-34)

20. *A divindade como transcendência formal*

Por mais que se transcendam formalmente as categorias, a divindade não se converterá por isso em uma idéia substancial, e não nos poremos em relação com ela, enquanto não formos existencialmente despertados. Só então um conteúdo a virá ocupar.

Que o impensável seja a divindade, eis aí o que não está de forma alguma implicado, à primeira vista, na ação do pensamento que aborta no não-pensar. Entre as argumentações transcendentes deste tipo há muitas que se mantiveram idênticas ao longo dos milênios, quase como raciocínios matemáticos. Formalmente elas têm o mesmo caráter intemporal, e, quando efetivamente repensadas, precisam da existência e da sua historicidade para ter peso e substância. É impossível então dar preferência, segundo os casos, a uma ou outra categoria particular para exprimir um pensamento que, no fundo, mantém sempre semelhança, na medida em que exprime o fracasso no impensável.

O ato formal transcendente, ao mesmo tempo que patenteia o espaço onde as cifras falam da transcendência, permite uma conscientização sistemática que impede a sua materialização. Nós queríamos possuir a divindade em imagens ou raciocínios objetivos e não reservar para estes a evanescência dos simples símbolos. Desde já é quase inevitável que representemos Deus como uma personalidade cuja vontade seria inspirada por uma sabedoria e bondade perfeitas. Mas nisso, como símbolo, há ainda uma imagem evanescente, que o pensamento tem de superar pelo ato transcendente.

A transcendência, quando expressa por meio da absolutização de um dos três grupos de categorias, fica reduzida ou à ordem lógica (que se refere ao objeto em geral) ou à natureza (categorias da realidade), ou ao ser humano (categorias da liberdade). Assim se definem os modos segundo os quais há de ser pensada como conhecida a incognoscível divindade. A Teologia, baseando-se nestas três esferas, ensina que Deus é a luz do nosso conhecimento, o fundamento da realidade, o bem supremo. Dele se origina a clara articulação da evidência, a causalidade do real, a justa conduta da vida. Ele é a verdade como conhecimento, como ser e como agir; é saber, realidade e amor; logos, natureza e personalidade; sabedoria, onipotência e bondade.

Se é verdade que este conhecimento que a Teologia tem de Deus não é um saber, há, todavia, nele a força efetiva do ato formal transcendente, de modo algum reduzido a nada pela evocação da impensabilidade. Ao contrário, é na multiplicidade dos caminhos que ele descobre a sua autêntica impensabilidade e disso se assegura analisando todos os seus aspectos.

Quando, na busca do começo e da origem, caminho através da realidade, passando de um objeto a outro, a coisa à sua causa, não encontro em parte alguma um termo final. Restar-me-ia apenas fixar um arbitrariamente e privar-me de fazer mais perguntas. Mas só passando, em um salto transcendente, do objetivo ao inobjetivo, do pensável ao impensável, é que eu posso sem nada fixar arbitrariamente, não certamente conhecer a origem, mas, por assim dizer, abrir um caminho para ela (*mich zu ihm hingrübeln*). A origem não é o primeiro anel da cadeia do real, muito menos a sua totalidade: ela não é absolutamente nada. Impossível de ser pensada, penso-a usando de um rodeio pelo caráter inacabável da realidade, que busco com a ajuda de categorias cada vez determinadas, com as quais dou o salto até onde cessa o pensamento.

A transcendência que assim se manifesta, mantém-se indeterminada e, embora incognoscível e impensável, está presente no pensamento, no sentido *de que* ela existe, sem sabermos *o* que é. Deste ser nada podemos exprimir, a não ser o enunciado formal, tautológico, e insondável quanto à sua possível plenitude: *ele é o que é*. É assim que Plotino expressou, ao nível do ato transcendente da filosofia, o que o judeu do Antigo Testamento, que não queria para si nenhuma imagem talhada, pôs na boca do seu Deus: *eu sou aquele que sou*. A diferença que existe entre ambos é a que há entre a serenidade filosófica (*philosophische Kühle*) e a veemência religiosa. Vemos como até nesta última tautologia as categorias se insinuam novamente, segundo se enuncie em termos de objeto ("ele") (*es*) ou de sujeito livre ("eu").

É por isso que, no ato transcendente formal, a divindade fica absolutamente oculta. Parece revelar-se apenas indiretamente – mas ainda oculta em sua grande distância – através da historicidade da existência, descobrindo a sua transcendência na leitura dos sinais que a realidade lhe oferece, sem podermos jamais compreender apodicticamente e para sempre o que ela é. É perceptível nos seus traços e não como tal, mas sempre na ambigüidade. Não existe como algo palpável e durável no mundo, mas pode representar para a existência a paz perfeita do ser, que, em sua superabundância, não é nenhum ser definido.

(*Philosophie*, III, págs. 66-67)

21. *Liberdade e transcendência*

O homem que adquire verdadeira consciência da sua liberdade, adquire, ao mesmo tempo, a certeza de Deus. A liberdade e Deus são inseparáveis. Por quê?

Estou certo de uma coisa: como ser livre, não existo por mim mesmo, mas sou oferecido a mim próprio, e não posso conquistar a minha liberdade pela força (...). A liberdade suprema, livre de toda a influência da parte do mundo, se sente ao mesmo tempo vinculada da forma mais profunda à transcendência.

A liberdade do homem nós a chamamos também existência. Estou seguro de que Deus existe, pela mesma decisão que determina a minha existência. Esta certeza não permite fixar Deus em uma fórmula, mas faz dele uma presença para a existência.

Se a certeza da liberdade implica a certeza de Deus, existe um nexo entre a negação da liberdade e a negação de Deus. Se eu não fizer a experiência maravilhosa de ser um sujeito autônomo, não tenho necessidade alguma de uma relação com Deus; contento-me com a realidade da natureza, deuses diversos, demônios.

Existe, por outro lado, um vínculo entre a afirmação de uma liberdade sem Deus e a divinização do homem. Tal é a liberdade aparente de uma vontade arbitrária que afirma a sua independência absoluta dizendo apenas: "Eu quero". Apoio-me então na força exclusiva, própria de um decreto injustificado: tal é a minha vontade, – e em uma fanfarronada: poderá até alguém morrer. Mas, ao fazê-lo, iludo-me a mim mesmo, procedo como se existisse só para mim, e a minha liberdade se muda em perplexidade diante do vácuo. O impulso feroz com que me lanço no favorecimento da minha vontade dá no desespero, onde se confundem as duas aspirações que Kierkegaard formulou assim: querer desesperadamente ser o próprio, e querer desesperadamente não o ser.

Deus existe para mim, na medida em que, pela liberdade, chego a ser verdadeiramente eu mesmo. Como objeto de estudo e de saber, ele não existe; manifesta-se tão-somente à existência.

Mas, mesmo então, esclarecer a nossa existência, como liberdade, não é provar a existência de Deus. É só mostrar onde é possível experimentar a sua certeza.

Nenhuma das provas da existência de Deus leva o pensamento a atingir seu intento, se este for o de alcançar uma certeza apodíctica. Todavia, quando o pensamento é assim malsucedido, o que deixa após si não é o nada. Ele indica o que se revela à consciência como inesgotável, eternamente interrogativo, englobante, e que tomamos por Deus.

(*Introduction à la philosophie*, trad. française 1ère édition,, págs. 55-57)

22. *Essência das cifras*

A objetividade metafísica tem o nome de "cifra", porque, não sendo ela a transcendência, é linguagem da mesma. Uma linguagem que não é compreendida, nem percebida pela consciência em geral. Pela sua natureza e pela sua maneira de significar, ela se dirige exclusivamente à existência possível.

(*Philosophie*, III, pág. 129)

Quando falamos de sinais, de símbolos, de cifras, é preciso distinguir: um sinal tem um sentido definível, designa algo diferente, que é também diretamente acessível; um símbolo é, na sua plenitude, a presença sensível de outra coisa, presença na qual o significante e o significado são indissociáveis, de tal modo que o simbolizado, sem o símbolo, não teria realidade; uma cifra é a linguagem do ser transcendente, só acessível por meio da linguagem e não pela identidade da coisa e do símbolo no próprio símbolo.

Preferimos o termo "cifra" ao termo "símbolo". Cifra significa "linguagem", linguagem de uma realidade que só pode ser entendida dessa maneira e à qual só assim nos podemos dirigir. Ao contrário, o símbolo faz as vezes de outra coisa, mesmo se esta "outra coisa" apenas tem realidade no símbolo e não de outra forma. Através dos símbolos temos em mira uma outra coisa que, dessa maneira, se torna objeto e se atualiza. É verdade, entretanto, que os símbolos podem ser elementos de uma linguagem cifrada. É então que eles são tomados em um movimento de pensamento voltado para a transcendência ou inspirado por ela. Perdem, neste caso, a sua substancialidade sedutora e ilusória, mas sem se esbater na palidez dos "simples símbolos".

(*Der philosophische Glaube angesichts der Offenbarung*, págs. 157-158)

23. *Ambivalência das cifras*

A ambivalência infinda de todas as cifras manifesta, na realidade temporal, o que constitui a sua essência. A interpretação dessas cifras por outras, de cifras intuitivas por cifras especulativas, de cifras extraídas do real por cifras inventadas, *prossegue até ao infinito* e é por ela que a existência procura assegurar-se da própria transcendência, forjando de antemão algumas possibilidades. Um sistema de cifras é *impossível*: de um sistema elas seriam reduzidas à finitude, não seriam mais portadoras da transcendência. A sua ambivalência irredutível exclui a possibilidade de um sistema. Um sistema pode bem ser também uma cifra, mas esperar que ele contenha as cifras na sua autenticidade é um contra-senso.

(*Philosophie*, III, pág. 150)

A *cifra* é o ser que atua a transcendência sem que ela haja de tornar-se objetiva e sem que a existência haja de tornar-se subjetiva. Para dizer a verdade, a cifra não é mais que um resíduo da origem da autêntica presença, caído na esfera da consciência em geral, quando a transcendência se objetiva na interpretação da cifra, como se se tratasse de um objeto conhecido, ou quando os modos de comportamento subjetivos são concebidos e utilizados como se fossem órgãos servindo para a percepção e produção da experiência metafísica.

(*Philosophie*, III, pág. 137)

24. *Ruptura lógica*

Na medida em que o esforço filosófico é aprofundamento da transcendência, ele toma, sobre pontos decisivos, a forma de um *círculo lógico* que, ao destruir a evidência necessária do raciocínio, confirma o sentido filosófico deste pelo seu poder expressivo e seu alcance. O círculo pode reduzir-se a uma *tautologia* quando, surgido das profundezas, concentra a sua substância em fórmulas objetivamente vazias de sentido, e que são, não obstante, compreensivas para a existência possível.

Ao círculo e à tautologia se opõe a *contradição*, que destrói não só a prova como também a própria consistência daquilo de que se fala. É a contradição que anula autenticamente a objetividade dos pensamentos metafísicos. Já que nenhuma expressão profunda da transcendência se pode manter como objeto sem perda da mesma, a sua negação só pode acontecer por via de contradição. Se o círculo e a tautologia exprimem o repouso em si daquilo que não tem nada fora de si e que existe por si, a contradição, essa, exprime a inconsistência inevitável, ao nível empírico, daquilo que é verdadeiramente.

(*Philosophie*, III, pág. 17)

25. *O malogro, última cifra*

O que nas cifras revela o ser e a sua plenitude atual, é questionado pelo malogro, que nenhuma interpretação pode explicar. Não lhes fica então outra possibilidade senão a de recorrer à fonte da vida, que é o ser reencontrado no silêncio, ou apagar-se. Pois o malogro é o fundo envolvente de todo o ser-cifra (*allen Chiffre-seins*). A visão da cifra como realidade do ser nasce unicamente da experiência do malogro. É dela que as cifras não rejeitadas recebem a sua última confirmação. O que abandono à destruição pode ser-me devolvido como cifra. Mas a leitura das cifras só brota, se eu não perder de vista a ruína que, por meio da cifra do meu malogro, dá ressonância a toda outra cifra particular.

O não-saber passivo outra coisa não é que o sofrimento do possível nada ou a defesa crítica contra um falso saber ontológico. Mas, na experiência do injustificável (*des Undeutbaren*), o não-saber torna-se ativo em presença do ser enquanto origem de toda a autêntica consciência de ser, através da riqueza inesgotável da experiência do mundo e da atuação da existência.

Mas o injustificável, essa cifra última, não é uma cifra que se possa precisar. É uma cifra aberta, daí o seu silêncio. Tanto pode tornar-se o vácuo absoluto como a plenitude para sempre.

(*Philosophie*, III, pág. 234)

26. *Silêncio*

A interpretação encontra o seu limite onde a linguagem se detém. Termina no silêncio. Mas este limite só é real graças à linguagem. No decorrer da comunicação falada, o silêncio converte-se em uma forma de expressão. Não é aquele silêncio que serve para calar algo que eu sei e que poderia dizer. É pelo contrário, para os que pensam juntamente, perante si mesmos e em face da transcendência, a plenitude do silêncio no limite do dizível. Não é o silêncio mudo, simples resultado da ausência de linguagem; esta não diz nada; não pode, portanto, silenciar.

Acontece o mesmo com as cifras. Entendemo-las como se viessem das diversas esferas que rodeiam a transcendência. Ou então valemo-nos delas para nos dirigirmos à transcendência. Mas as cifras não são nunca aquilo que buscamos nelas, o que pressentimos ou experimentamos. É por isso que nos esforçamos em ir mais além, ao mais profundo, ao mais alto, onde a linguagem cifrada cessa e onde, no saber do não-saber, na plenitude do silêncio, tocamos de leve a transcendência.

(*Der philosophische Glaube angesichts der Offenbarung*, pág. 195)

27. *Deus existe e basta*

Jeremias viu a ruína de tudo quanto havia perseguido na vida; o seu país, o seu povo, estavam perdidos; no Egito, o que restava ainda tornou-se infiel à lei de Javé e sacrificou a Isis. O seu discípulo Baruch caiu no desespero: "Esgoto-me em suspiros e não encontro repouso". Jeremias respondeu-lhe então: "Assim fala o Eterno. Eis a verdade: o que construí, eu o destruirei; o que plantei, eu o arrancarei, e tu, tu te afanas em buscar coisas grandes? Não as busques!"

Em tal situação, estas palavras significam: Deus existe, e basta. Que exista ou não uma "imortalidade", ninguém quer saber; que Deus "perdoe" ou não, isso não é uma questão de primeiro plano. Não é o homem que importa: a sua vontade própria, como também o cuidado da própria salvação e eternidade, se apagaram. Mas, ao mesmo tempo, compreende-se que o mundo, globalmente, não teria em si qualquer significado definido, nem uma permanência eterna, sob qualquer aspecto: pois tudo foi criado por Deus, tirado por ele do nada, e tudo se encontra em suas mãos. Quando tudo está perdido, apenas fica isto: Deus existe. Quando, vivendo no mundo, nos esforçamos no sentido do bem, julgando-nos conduzidos por Deus, e topamos finalmente com o malogro, só resta esta realidade sem medida: Deus existe. Se o homem renuncia totalmente a si mesmo e aos seus fins, esta realidade poderá revelar-se-lhe como a única. Mas ela não se revelará de antemão, abstratamente; é necessário para isso ter mergulhado na vida concreta do mundo. É aí que essa realidade se mostra, finalmente, no limite. Às palavras de Jeremias são rudes. Não estão ligadas a uma vontade, historicamente condicionada, que queira agir eficazmente no mundo. Mas essa vontade existiu previamente, durou uma vida inteira, e é ela que, no fim, no malogro total, lhes dá um significado. Estas palavras são singelas, isentas de qualquer elemento fantástico; se contêm uma verdade inesgotável, é justamente porque renunciam a todo o conteúdo formulado, a toda solidez definitiva no mundo.

(Introduction à la philosophie traduction française, 1ère édition, págs. 47-48)

DA VERDADE

28. *O englobante*

Tudo o que constitui objeto para mim, se acha incluído numa totalidade relativa do mundo onde vivemos. Esta totalidade nós vemo-la, nela nos sentimos seguros. Ela nos cerca, por assim dizer, de *um horizonte*, de saber.

Todo o horizonte nos envolve e nos impede de ver mais além. É por isso que precisamos de transpor cada horizonte, seja ele qual for. Mas qualquer que seja o nosso ponto de chegada, o horizonte que rodeia sempre o que nós pudemos atingir se desloca conosco. Encontra-se sempre ali, de novo, e por ser só horizonte e não acabamento, força-nos a renunciar a toda a permanência definitiva. Não conseguimos nunca um ponto de vista a partir do qual o horizonte limitativo desaparece, o que permitiria desde então abarcar com o olhar uma totalidade que nenhum horizonte envolveria nem incitaria a ultrapassar. E nós não conseguimos nunca uma série de pontos de vista cujo conjunto, como em uma expedição à roda da terra, nos descobrisse, pelo movimento através de diversos horizontes, a unidade fechada do ser, em um sistema do ser. Para nós, o ser continua *aberto*: atrai-nos em todas as direções para o ilimitado. Faz-nos reencontrar sem cessar o novo como determinação do ser.

O nosso conhecimento foi passando da *totalidade indeterminada* do nosso mundo (onde se desenrola imediatamente a nossa vida), ao *objeto determinado (que se encontra no mundo, donde vem até nós) e, daí a uma totalidade fechada do mundo* (*Weltgeschlossenheit*) conscientemente apreendida nos horizontes que o limitam em um ou em outro sistema do ser. O ser está presente a cada um destes esforços, mas nenhum deles no-lo mostrará realmente. Com efeito, surge sempre a possibilidade de passar além do ser assim manifestado, mergulhando mais profundamente no ser. O ser determinado, conhecido, está sempre rodeado de outras coisas. Cada vez que captamos uma realidade particular (e é também realidade particular qualquer concepção sistemática da totalidade do ser) experimentamos o que é o ser, e, ao mesmo tempo, o que ele não é.

Adquirida a consciência desta experiência, interrogamo-nos mais uma vez sobre o ser que se nos ocultou, quando se manifestava a nós tudo o que a experiência revela. Este ser que nem é objeto (sempre restringente) nem uma totalidade organizada no seio de um horizonte (sempre limitativo) chamamo-lo *o englobante*.

O englobante é aquilo que apenas *se anuncia* sempre – pela presença dos objetos e dos horizontes – mas que nunca se converte nem em objeto, nem em horizonte. É o que nunca encontramos de fato,mas no seio do qual encontramos tudo o mais. Só está indiretamente presente quando, nele mergulhados, nos encaminhamos para este ou para aquele horizonte a fim de o transpor. No âmbito de cada horizonte, apreendemos diretamente as coisas, como objetos determinados; mas estas não são só o que parecem ser de imediato: pelo englobante e graças a ele, elas tornam-se transparentes. Nós levamos a termo o pensamento filosófico fundamental, passando além de todo o ser determinado, de todo o horizonte visível e por isso determinado, para atingir o englobante em que nos encontramos e que nós somos também.

O englobante é aquilo onde todo o ser existe para nós; ou então, é a condição que lhe permite converter-se para nós no ser verdadeiro. Não é o todo, como soma do ser, mas é a totalidade, para nós sempre aberta (*ungeschlossen*), enquanto fundamento do ser.

(*Von der Wahrheit*, págs. 37 a 39)

29. *Os modos do englobante*

O englobante é ou *o ser em si* que nos cerca, ou então *o ser que nós somos*. O ser que nos cerca chama-se mundo e transcendência. O ser que nós somos, chama-se sujeito vital (*Dasein*), consciência em geral, espírito e, por fim, existência.

1) *O ser que nos cerca*. Este ser, que existiria mesmo que nós não existíssemos e que nos cerca sem que nós o constituamos, é de duas espécies:

– é o mundo, isto é, o ser de que um aspecto da minha pessoa constitui, apesar de tudo, uma parte ainda que mínima, mesmo quando esse mundo é concebido como um todo que me engloba como não-eu; – é a transcendência, isto é, o ser que é absolutamente *o outro*, em que não tenho qualquer parte, mas que é simultaneamente o meu fundamento e o meu fim.

a) *O mundo*, em seu conjunto, não é objeto, mas uma Idéia. O que nós conhecemos está no mundo, mas não é o mundo.

b) *A transcendência* é o ser que não é o mundo, mas que se expressa no mundo pela mediação do ser. Não existe transcendência senão porque o mundo não subsiste por si mesmo, não se baseia em si mesmo, mas indica algo de mais elevado. Se o mundo é tudo, não há lugar para a transcendência. Mas, se existe uma transcendência, pode haver, na realidade do mundo, sinais que a indiquem.

2) *O ser que nós somos*. Os modos segundo os quais adquirimos consciência do nosso ser são os seguintes:

a) Nós somos primeiramente *sujeito vital* (*Dasein*): a nossa vida desenrola-se em um meio. O englobante torna-se, no plano vital, objeto de pesquisa em suas manifestações: reprodução, morfologia, funções fisiológicas, correlação hereditária das formas, experiências psicológicas vividas, comportamentos, estruturas de contorno. A isso, o homem – e só ele – acrescenta a sua contribuição em palavras, instrumentos, imagens, atos, e se cultiva a si mesmo, tomando-se por objeto. Qualquer outra vida que não a do homem, pelo contrário, se manifesta plenamente, porque os outros modos do englobante penetram nela e ela lhes dá o seu apoio ou os obriga a servi-la.

b) Nós somos *consciência em geral* na cisão sujeito-objeto. Para nós não existe ser senão aquele que penetra na nossa consciência. Somos consciência englobante para a qual nada pode ser pensado, sabido, reconhecido, senão nas formas da objetividade. Fazemos explodir o quadro da simples realidade empírica que nos rodeia para atingir a Idéia do mundo que abarca todas as realidades empíricas particulares. Pelo pensamento podemos chegar mais além do mundo, podemos deixá-lo desaparecer, como se nada fosse.

c) Nós somos *espírito*. A vida do espírito é a das idéias. As idéias – as totalmente práticas, por exemplo, as das profissões e tarefas pelas quais nos realizamos, ou as idéias teóricas do mundo, da alma, da vida etc. – nos dirigem, ou como impulsos interiores, ou como atrativo da totalidade simbólica contida nas coisas, como método sistemático de penetração, de assimilação e de realização. Não são objetos, mas revelam-se em esquemas e formas. São, de momento, eficazes e, ao mesmo tempo, trazem a proposta de uma tarefa sem fim.

Estes três modos do englobante – sujeito vital, consciência em geral, espírito – são os modos da nossa integração no mundo. Assim, quando se reduz este englobante a uma realidade objetiva, parece que se pode, no plano empírico, fazer de nós, de forma adequada, objeto de pesquisas biológicas e psicológicas, sociológicas e culturais. Mas o nosso ser não se esgota nisso.

d) Nós somos existência possível. A nossa vida recebe a força de uma origem situada mais além do devir empiricamente objetivo do sujeito vital, mais além da consciência em geral e do espírito. A nossa essência se manifesta:

1) na *insatisfação* do homem em face de si mesmo: existe nele alguma coisa que não pode ser medida com a sua vitalidade, o seu saber e o seu universo espiritual;

2) no *absoluto*, que ele considera como sendo o seu próprio ser (sein eigentliches Selbstsein) e ao qual subordina, portanto, a sua vida, – o absoluto de que emana também toda a significação e valor;

3) num perpétuo *impulso para a unidade*, porque o homem não se contentaria só com um dos modos do englobante, nem com todos eles reunidos: aspira à unidade fundamental, a única que é ser e eternidade;

4) numa misteriosa *reminiscência*, como um conhecimento partilhado com a criação (Schelling) ou uma lembrança de uma visão anterior à sua presença no mundo (Platão); e

5) na consciência da *imortalidade*, que não é a continuação da sua vida sob outra forma, mas como que um refúgio que abolisse o tempo na eternidade e que tomasse para ele a aparência de um caminhar ativo, sem fim, no duradoiro.

O englobante que eu sou é, sob todas as suas formas, uma polaridade entre o sujeito e objeto:

como *sujeito vital*, a polaridade da interioridade e da periferia;
como *consciência em geral*, a da consciência e do seu objeto;
como *espírito*, a de idéia em mim e da idéia objetiva que se me oferece;
como *existência*, a da existência e a da transcendência.

O englobante que eu sou engloba também aquele que é o ser em si e é, ao mesmo tempo, englobado. Este ser chama-se "mundo" nas três primeiras polaridades: é o mundo ambiente, a objetividade do conhecível, a Idéia. Na quarta polaridade, ele é "transcendência".

(*La foi philosophique,* tradução francesa, págs. 16-21)

30. *Distinção e unidade destes modos*

Todavia, desde a primeira distinção destes modos, nós percebemos a unidade das origens de que dependem. Certamente, quando o englobante se cinde para nós em modos múltiplos, nós achamos para eles origens independentes; mas a esta independência nós não atribuímos um alcance absoluto, porque o que buscamos à primeira vista é a origem única. Cada modo do englobante nos aparece claramente como tendo uma origem própria, separada de qualquer outra, sem transição nem possibilidade de comunicação; mas, ao mesmo tempo, cada origem deixa subsistir em nós uma carência que reclama uma outra para ser preenchida, se bem que, afinal, todas são necessárias.

Não nos podemos contentar com a justaposição das origens. A sua distinção, se for radical, torna o problema da sua interdependência (*Bezogenheit*) ainda mais urgente.

Cada modo do englobante indica um outro, suscita-o, fá-lo pressentir, para nos impelir a avançar mais, até nos sentirmos confrontados com o problema da unidade daquilo que havíamos cindido, buscando o englobante único, a única origem.

(*Von Der Wahrheit*, pág. 51)

31. *Pluralidade dos englobantes e verdade*

Em cada modo do englobante a verdade tem um sentido que lhe é peculiar: ao nível da *consciência em geral* é a validade apodíctica, necessária para quem quer que saiba dizer "eu penso": – para o sujeito vital, é a plenitude da vida, a afirmação de si, a felicidade e a satisfação de si, experimentadas por este ou aquele indivíduo empírico; – para *o espírito*, é a ação pela qual se realiza a compreensão de um sentido (interpretação original e descoberta criativa de formas) e é a compreensão do que já foi compreendido (interpretação das interpretações); – para *a existência*, é identificar-se com a origem pelo caráter absoluto das decisões tomadas no correr da história, graças à repetição aprofundada até o infinito, do amor e da razão (*durch die ins Unendliche sich vertiefende Wiederholung der Liebe un der Vernunft*).

Ao querermos *transmiti-la*, a verdade provoca o acordo ou a rejeição: ao nível *da consciência em geral* se estabelece em comum um conhecimento necessário para os diversos indivíduos, substituíveis uns pelos outros como pontos; para o *sujeito vital* o que conta são os interesses de cada sujeito que se quer afirmar e crescer, interesses que podem coincidir ou excluir-se mutuamente; ao nível do *espírito* se desenvolve o prazer comum, livre e sem compromisso, do jogo das formas, das figuras, dos movimentos, das representações, dos gestos e das atitudes; ao nível da *existência* são as lutas amantes, ou o amor combativo dos que buscam a verdadeira comunicação, pela qual cada um se torna, ele próprio, insubstituível e ligado ao outro na eternidade.

Para cada modo do englobante, há uma verdade decisiva diferente: Haverá mesmo assim um fundo comum? Se sim, isso não pode estar senão no englobante de todos os englobantes, na transcendência.

(*Der philosophische Glaube angesichts der Offenbarung*, pág. 123)

32. *A razão, vínculo de todos os modos*

Não só existe pluralidade de englobantes como também surge a pluralidade em cada um deles. O englobante se perde na diversidade; aparecem contradições cujos termos parecem destruir-se ou excluir-se uns aos outros.

É possível, certamente, mover-se dentro do que é múltiplo, satisfazer-se com a justaposição, não se deixar perturbar por realidades estranhas, viver sem problemas na dispersão. Mas a experiência da insatisfação em que a dispersão nos deixa, dará ocasião ao salto decisivo que, por pouca consciência que se tenha da situação, se tornará necessário: a simples justaposição não me dá a paz, a necessidade de descobrir como tudo está ligado a tudo, de captar a unidade e de a produzir, é insaciável.

Este salto leva à razão. Esta pretende ser e é o liame de todos os modos do englobante e de tudo quanto neles se manifesta. Existe, pois, nela, inteiramente predisposta, uma necessidade secreta, nascida da sua própria origem. Todavia, só a existência vivente pode pôr em movimento a razão e fazer dela o englobante aberto a tudo e buscando incansavelmente o nexo entre todas as coisas.

(*Von Der Wahrheit,* págs. 49-50)

Numa situação qualquer, a razão tende a pôr em movimento as realidades dispersas e indiferentes, de modo a restabelecer entre elas laços de dependência recíproca. Não tinham vinculação, alheias como estavam, umas às outras, e a razão quer relacioná-las entre si. Nada há de ser perdido.

Consideremos as ciências. Diante da acumulação infinda de conhecimentos exatos, a razão é a força que os concatena. Ela impele o investigador a transpor os limites de uma ciência, a descobrir contradições, a encontrar relações e complementos. A razão age como Idéia de unidade de todas as ciências.

Mas, para lá da unidade do saber científico, a razão tende a estabelecer um *nexo universal*. É ela que, quando se tenta esclarecer o englobante, força a passar de um ao outro dos seus modos, não permite que nenhum deles fique no isolamento e reclama a sua unificação.

É por isso que a razão se empenha também em seguir caminhos que os critérios da apodicticidade não poderiam defender. Volta-se para a *exceção*, que desmente a regra geral, e para a *autoridade*, que exige sem justificação racional. Mas não se detém nesse ponto, como se tivesse chegado ao fim. Exceção, autoridade não são ainda, em relação ao Uno que a desfia, senão realidades provisórias, que pertencem ao tempo. Por grandioso que possa ser o seu aspecto, nada de provisório poderá trazer o sossego à razão.

A razão é tentada até mesmo por aquilo que *lhe é mais estranho*. Quando a paixão pela noite (*die Leidenschaft zur Nacht*) faz explodir a lei do dia (*das Gesetz des Tages*) pela sua força negativa e pela destruição do eu, a razão se esforça ainda, com a sua luz, por restituir ao ser esta paixão, por devolver-lhe a palavra, não o deixando desaparecer, como se fosse nada. A razão se apressa em ir aonde a unidade, qualquer que ela seja, foi rompida, para colher ainda a verdade desta ruptura. Quando a unidade se rompe, revelando assim seu caráter provisório e insuficiência, a razão tenta impedir a ruptura metafísica, a fragmentação do próprio ser, da Unidade propriamente dita. Deste modo, a razão, que é a origem da ordem, acompanha ainda os que tentam destruí-la; ela continua a ser o elemento de paciência – o elemento indispensável e infinito – em face do que lhe é estranho, que a ameaça, que a nega.

(*Von Der Wahrheit*, págs. 114-115)

33. *Razão e liberdade*

Repitamos, concluindo, o que pode ser a razão.

Onde ela reina, se desvanecem as ilusões, as exaltações, a brutalidade. A vida torna-se existência e atinge a sua importância transcendente.

A razão, animada pela existência, faz da vida um risco, mas não uma aventura; ela prodigaliza-a, mas não a malgasta.

No plano da razão, a existência pode deixar consumar-se nela tudo quanto pertence ao tempo a ser apenas a plenitude da historicidade, encarnando de forma cada vez única a manifestação do eterno.

Mas é a razão que esclarece o vínculo entre o histórico e o supra-histórico; busca a sua origem onde ninguém pode chegar mediante a consciência da realidade empírica, acabada no tempo.

O homem que experimentou o gosto da razão jamais poderá renunciar a ela.

Há algumas dezenas de anos, eu falava da filosofia da existência e acrescentava que não se tratava de uma filosofia nova ou particular, mas da única filosofia eterna; no momento, punha-se em relevo a concepção de Kierkegaard, segundo a qual o homem se perde no mundo da objetividade pura.

Hoje eu preferiria o termo de filosofia da razão, pois parece urgente sublinhar este ponto essencial de todos os tempos. Se se perder a razão, a filosofia se arruinará. A tarefa desta foi sempre, e ainda é a de buscar a razão, a de se reintegrar ininterruptamente a esse plano, o da razão autêntica, sujeita às obrigações do entendimento, apropriando-se perfeitamente dele, sem, todavia, estar limitada como ele.

A razão nos oferece uma imagem da liberdade humana tal qual nós a esperamos fazer nascer, na medida das nossas possibilidades. Ela, essa liberdade, é acessível a todos os homens. Ela os une entre si, deixando, todavia, crescer – ou melhor, suscitando – na existência única e insubstituível de cada indivíduo, a sua plenitude histórica. A razão é, por essência, o elemento que reúne o que se ignora, o que vem de fontes históricas diferentes. Ela permite uma comunicação crescente entre os diversos desenvolvimentos que se acham unidos no Uno, essa unidade que não pertence a ninguém e pertence a todos.

(*Raison et déraison de notre temps*, trad. francesa,págs. 56-57)

34. *Evidência absoluta e verdade filosófica*

Preferimos, a título de exemplo, contrapor estes dois termos para demonstrar como o relativo e o absoluto mudam de sentido, mesmo continuando a referir-se um ao outro.

A validade da evidência absoluta não tem restrições. É *absoluto* na medida em que se impõe sem reservas e universalmente. Mas ela apenas se impõe do ponto de vista do conhecimento teórico a uma consciência em geral. É *relativa* comparada com o absoluto da totalidade que engloba tudo; na totalidade existe certamente essa validade, mas ela nunca abarcará aquela. Além disso, ela é indiferente para a existência, que não vê, neste tipo de verdade exata, senão um simples meio de uma condição para outra coisa. Tal exatidão não é para a existência algo substancial, que a possa satisfazer, torná-la presente. É relativa, porquanto é impossível viver dela.

É diferente com a verdade filosófica, a verdade de uma Idéia, por exemplo. Esta é *absoluta* logo que enche uma vida; mas é *relativa* logo que é pensada em termos objetivos e enunciada com base em razões. Pensada assim à distância de si, a sua objetividade se reduz à relatividade histórica de um fenômeno temporal efêmero.

A evidência absoluta não se deixa vencer por nada, podemos agarrar-nos a ela, ela resistirá, mas não pertence mais que a uma perspectiva limitada no mundo. Quem a quisesse abolir, se votaria ao não-senso, mas quem se quisesse ater a ela exclusivamente como única verdade, se condenaria à morte.

A busca filosófica é absoluta em sua origem, é presente e absoluta em sua historicidade. Mas a expressão da verdade filosófica em uma doutrina há de ser considerada como relativa; visto que toda a doutrina pertence à História, a uma época determinada, não existe nenhuma universalmente válida e intemporal. Por isso a ciência, para garantir a possibilidade de uma verdade sólida, com valor intemporal e apodíctico, exige que seja rejeitada, como relativa, toda a opinião doutrinal objetiva, privada de tal apodicticidade. Mas é condição da Filosofia, cada vez que a reflexão esclarecedora (*erhellendes Denken*) se funde em doutrina, de a fazer explodir. O mesmo ocorre certamente com o nosso esquema, onde se fixam os modos do englobante: é necessário que alguém o faça rebentar. É necessário que alguém não só faça estourar cada englobante, mas também a doutrina da totalidade dos modos do englobante. Não é preciso que se desenvolva uma nova ontologia que, sob o nome de "periecontologia", nada mais faria senão mudar de nome. Essa explosão não nos levaria a nós, é verdade, a descobrir uma conceituação diferente, pois acreditamos ter atingido assim, pela nossa parte, os limites, mas nos levaria a atualizar o nosso ser que, longe de estar enclausurado em uma doutrina, dela se serve para abrir espaço.

(*Von der Wahrheit*, págs. 733-734)

35. *Resumo: relativo e absoluto*

1. *Todo o absoluto, tornado objetivo, deve converter-se em relativo* (*muss relativiert werden*). Existe sempre na vida, por mais que sejamos realmente nós próprios, algo que se torna para nós absoluto. Quando o absoluto fica malparado e passa por objetivamente conhecido, deve converter-se em relativo. Quando, a propósito de verdade filosófica, a expressão apodicticamente objetiva do pensamento filosófico passa por absoluta, convertemos ao relativo este elemento objetivo devolvido à natureza. Quando, a propósito de verdade científica, a validade universal pretende levar a conhecer o ser na sua totalidade e não apenas coisas na sua realidade empírica, convertemos ao relativo essa absolutização do saber objetivo e da sua "exatidão". Desde que pensamos, relativizamos. Porque o absoluto não é visível do ponto de vista exclusivo do pensamento, ele é a atualidade da existência, cujo empenho o entendimento nem pode justificar, nem compreender suficientemente.

2. *Relativo e absoluto são indissociáveis*. É impossível converter algo em relativo, sem pressupor algo como absoluto, e vice-versa. É o que ocorre já ao nível da objetividade, pela subordinação do relativo ao absoluto, embora exista, digamos, na realidade objetiva, um lugar onde o absoluto que domina tudo, pode ser apreendido pelo sujeito pensante. Mas o que se forma deste modo absoluto não pode, todavia, sê-lo, em razão da sua objetividade sempre particular, e se expõe por isso a ser destruído pelo cepticismo.

A tensão extrema entre relativo e absoluto está, desta maneira, na relação entre a relatividade em geral do que é objetivo e o absoluto na existência.

Quem erige em absoluto a evidência do pensamento, converte em relativo o que pertence à existência.

Prende-se a uma verdade apodíctica e permanente, como se ela fosse absoluta, e é para si mesmo um nada, qualquer coisa de indiferente; resta então a sua individualidade psíquica empírica, que se desdobra em necessidades instintivas de prestígio, de poder, de prazer, com suas fraquezas nervosas e suas angústias. Imagina talvez encontrar a plenitude do sentido no estudo de uma verdade permanente que chama filosofia, quando, em realidade, se compraz em construções intelectuais imaginárias, desprovidas daquela validade necessária própria da ciência, e que esboçadas sem o compromisso da existência, carecem ao mesmo tempo de conteúdo substancial para comunicar.

Quem erige em absoluto o que concerne à existência, converte necessariamente em relativo o que pertence ao pensamento. Ninguém pode atuar a sua existência sem questionar, até ao infinito, todo o conteúdo do seu pensamento e sem vê-lo na sua relatividade. Mas, realizando este questionamento sem limites, não fornece, todavia, por esse meio, a prova da sua existência. Que ele seja existência, não o poderá jamais saber. Se tentar fazer da sua existência algo de conhecido, e, conseqüentemente, possuído, cai em um movimento circular que o desnorteia e engana com seu próprio reflexo como em um jogo de espelhos. Tal é a conseqüência nefasta de uma pesquisa filosófica objetivamente determinada, que se propõe conhecer a existência em vez de a esclarecer. Igual erro comete a pesquisa filosófica que pretende ficar-se na objetividade das coisas; a diferença é que, aqui, o sujeito que filosofa se atribui a si próprio uma importância infinita, de tal modo, que a seriedade daquilo que o visa, se acha, justamente por isso, destruído.

3. *Limite da redução ao relativo*. É impossível possuir como geral e objetiva a verdade que é absoluta. É também totalmente impossível reduzir ao relativo, por cepticismo, a verdade que para mim, enquanto existo, é única, sob o pretexto de que ela não tem a validade e generalidade de uma verdade científica.

Todo o devir objetivo da verdade absoluta é, como objetivo, historicamente relativo. Por uma razão inversa, tudo o que é geral, válido fora do tempo, é relativo, justamente porque a sua verdade não pode nunca chegar a ser histórica e, portanto, existencial.

A redução ao relativo, diversa em sua essência, mas prosseguida indefinidamente, só encontra o seu limite na origem positiva da existência, que, operando tal redução, procura penetrar assim na distância e na profundidade (in die Weite und auf den Grund).

(*Von der Wahrheit*, págs. 737-738)

A FÉ FILOSÓFICA EM FACE DA REVELAÇÃO

36. *Intenção*

A presente obra desejaria ser inspirada naquilo que constitui a origem da fé filosófica, viva desde que existem homens que pensam. Desejaria testemunhar que a perda da fé revelada não exclui, de forma alguma, uma certa assimilação, renovada incessantemente, da verdade insubstituível que a Bíblia contém. Ao contrário, em uma situação como a hodierna, a transformação da religião bíblica para nós, ocidentais, como também a das outras religiões para os seus fiéis, e da filosofia para todos, se impõe de maneira quase tangível.

Esta obra se intitula "A fé filosófica em face da Revelação". Se os dois termos se houvessem de excluir para sempre, então eu falaria situando-me de um dos dois lados; mas o que proviesse do outro, continuaria a tocar-me e a questionar-me. O título "Fé filosófica *e* Revelação" não seria conveniente. Seria, com efeito, aspirar a um ponto de vista superior e exterior a ambos, que não é o meu. Se, porém, fé filosófica e fé revelada se pudessem encontrar, sem com isso se confundirem, desejaria ter contribuído para tanto com o meu pensamento.

(*Der philosophische Glaube angesichts der Offenbarung*, pág. 8)

37. *O conceito de fé*

A fé não é um saber acerca de alguma coisa que eu possuiria, mas uma certeza que me guia.

Pela fé a minha vida se enraiza na origem, que me fala por meio dos conteúdos da fé (Glaubensinhalte) tais como eu os penso. São inseparáveis a fé pela qual eu creio, e o conteúdo da fé que me represento. Sujeito e objeto da fé são um. Viver na fé e viver crendo em alguma coisa são duas coisas que hão de caminhar juntas.

Se eu creio, hei de querer pensar o conteúdo da minha fé. Mas, se eu não o quiser apenas pensar, mas possuí-lo em dogmas e credos, como um saber de que posso dispor independentemente daquilo que sou, então este saber há de dar-me certeza e segurança, sem que a origem da fé tenha que vir do fundo de mim mesmo ao seu encontro. Por isso pode acontecer que, fracassando diante da transcendência e do meu próprio ser, incrédulo na minha vontade de acreditar, aterrorizado de só poder contar comigo mesmo, me disponho a "crer", juntamente com os outros, levado e fortalecido pela comunidade, naquilo que contém os artigos do credo.

A fé não pode ser imposta pelo raciocínio, nem ser exposta e transmitida como um simples conteúdo. A fé é a força pela qual me reconheço certo, a partir de um fundamento que eu posso certamente preservar, mas não estabelecer.

A fé pode ser chamada o englobante, o todo. Inabalável, ela só é enfraquecida se uma das faces, a do sujeito crente, ou a do objeto crido, for tomado isoladamente por si só.

A fé é o fundamento de todo o conhecimento. Pelo conhecimento torna-se-á mais clara, mas não poderá nunca ser demonstrada.

(*La foi philosophique face à la Révélation*, págs. 49-50)

38. *A fé cristã revelada*

Só existe para ela uma fé, uma só e única Revelação, aquela que atestam a palavra da Bíblia e a tradição. Portanto, para ela, não há possibilidade de admitir outras pretensões históricas a uma revelação. Afirma a verdade de uma realidade que escapa a todas as categorias, pertençam elas à história, à filosofia ou à psicologia das religiões.

A revelação não depende de qualquer destas disciplinas, penetra de alguma maneira tudo quanto é pensável, comparável, geral, repetitivo. Não é objeto de estudo. Pode ser entendida por um processo também incompreensível, depois pode ser atestada por quem a entendeu, de um modo que não se assemelha em nada a qualquer outro testemunho.

Todavia, quando se fala de Revelação cristã, é certamente necessário fazê-lo em categorias gerais. Logo que a Revelação cristã se pretende explicitamente como a única e exclusiva, é preciso que ela fundamente esta pretensão em argumentos que implicam a generalização. O mesmo acontece com a propaganda da fé junto daqueles que ainda não perceberam a sua unicidade. Os crentes não se contentam com anunciar, desejam provocar a convicção, conduzir por caminhos onde esta realidade única chegará a impor-se. O raciocínio adquire, neste caso, características específicas que distinguem o cristianismo de todas as outras religiões.

(*La foi philosophique face à la Révélation*, pág. 50)

39. *A fé filosófica*

A Filosofia, ao invés da fé revelada, não faz propaganda; deixa a cada um, como tal, a livre decisão. Não anuncia, não força ao convencimento. Nela, os homens livres se encontram como companheiros que têm um destino comum. Segundo alguns, a minha maneira de filosofar deveria conduzir à fé revelada, mas não é essa a minha intenção. Eu não posso deixar de pensar como Kant: se a Revolução fosse uma realidade, isto seria um desastre para a liberdade criada do ser humano.

Não quero, entretanto, que o meu pensamento exclua finalmente a Revelação – mesmo que me pareça impossível que eu nunca venha a acreditar nela. A fé filosófica é um princípio próprio. Mas deixa aberta para outros a possibilidade da Revelação, sem a poder compreender. Ela quer, não a hostilidade, mas a lealdade, não o rompimento, mas a comunicação, não a violência, mas a liberalidade.

(*La foi philosophique face à la Révélation*, págs. 37-38)

40. *A autoridade*

A autoridade não se encarna necessariamente em uma instituição e em um clero que a representa, ao qual aceitamos obedecer. Pode basear-se também na espiritualidade de um longo passado três vezes milenário, que respeitamos, que escutamos com confiança e que aceitamos ao assimilá-lo. Podemos lembrar a propósito esta verdade: ninguém pode colocar outro fundamento senão aquele que existe desde o princípio. Daí vem esta influência englobante, esta autoridade em suspenso que nos guia, sem se deixar prender a nenhuma estrutura objetiva, idêntica para todos.

(*La foi philosophique,* trad. francesa, pág. 153)

41. *A religião bíblica*

A fé filosófica nos autoriza a fazer aqui duas constatações que gostaria de justificar, uma negativa, outra positiva:

1) A religião bíblica contém em germe uma pretensão que se revela em todas as suas ramificações, mas que talvez nem seja indispensável, nem definitiva, isto é, a

de ser a única verdadeira. Este exclusivismo, em seus móveis e em seus efeitos, é a causa para nós, homens, da nossa ruína. Para salvação da verdade e das nossas almas, devemos combater esta pretensão, pois é mortal.

2) A nossa filosofia nasceu da religião bíblica e dela hauriu uma verdade insubstituível.

Estas duas constatações são importantes. Estão vinculadas a uma questão hoje vital para nós, ocidentais: o que será da religião bíblica?

(*La foi philosophique,* tradução francesa, pág. 119)

42. *O exclusivo, necessário e a combater*

A filosofia é chamada a alargar constantemente seus horizontes. O seu olhar vai de uma religião confessional definida à tradição mais vasta da Bíblia, e desta à verdade contida em todas as religiões. Ao mesmo tempo ele deixa escapar precisamente o que faz a realidade religiosa. Quando, alargando as vistas na medida do universal, ela crê penetrar no segredo da religião, perde a realidade encarnada das religiões. Vê que esta presença concreta de uma fé comum, conforme com uma tradição definida, é a forma indispensável da religião; mas ela está bem longe disso, porque não pode viver tal experiência, nem mesmo compreender verdadeiramente o que vê.

(*La foi philosophique*, trad. francesa, págs. 147-148)

43. *Contra a "desmitização"*

Quando um teólogo (Bultmann) admite que se impõe uma imagem moderna do mundo, doravante definitivamente adquirida (ele não faz distinção entre ciência e superstição científica), pode oçorrer-lhe a idéia de desmitizar a fé bíblica a fim de descartar as dificuldades que o homem moderno aí encontra. Ele é da opinião de que, por esta desmitização, conseguirá salvar alguns restos da fé, a saber, a fé na história sagrada "atestada" pelo Novo Testamento. A sua desmitização não é levada ao extremo, porque, por determinação arbitrária da sua fé, a história sagrada não pode ser um mito. Mas, em conjunto, esta desmitização nos arrebata inteiramente o mundo dos mitos, isto é, o reino das cifras em geral, privando a nossa existência da linguagem da transcendência, com toda a sua riqueza e ambivalência.

Ora, na situação criada pelo pensamento crítico das ciências, de um lado, e pela superstição científica, do outro, a tarefa que se nos impõe é, ao invés, a da transformação de todos os mitos encarnados em cifras, pois esta seria a linguagem da transcendência. A transcendência pura, que não altera nenhuma tradução real (*Realisierung*) na finitude do espaço e do tempo, vem a ser o englobante silencioso, todo-poderoso (*übermächtig*) pelo qual chegamos a nós mesmos. Sendo assim, não é uma ilusão entender a linguagem das cifras, é entender a realidade transcendente em múltiplas línguas que lutam entre si (die einander bedrängen). O mundo das cifras é o espaço onde se trava o combate do espírito.

(*La foi philosophique face à la Révélation*, págs. 431-432)

44. *O reconhecimento recíproco será possível?*

Questão decisiva para que possamos viver juntos, em comunicação de uns com os outros, é esta: é possível um reconhecimento recíproco? É possível que aquele que crê na Revelação vá ao encontro de quem, a seus olhos, é um incrédulo, com a dor, sem dúvida, de o ver privado da graça, mas com um profundo respeito por ele e pelo caminho que escolheu? É possível que quem vive na fé filosófica vá ao encontro daquele que crê na Revelação, com a dor, sem dúvida, de não poder ter um verdadeiro companheiro de destino nesse, cuja situação resulta impenetrável, mas com igual respeito, pronto sempre a escutar o que ele diz da sua experiência e a aliar-se a ele em todas as tarefas a desempenhar no mundo?

Poderão ambos exercer juntos uma influência na vida, sem hipocrisia, sem preconceitos?

As maneiras de viver e de crer, originalmente diferentes, se excluem na realidade: não se podem atuar em uma mesma e única pessoa. Mas não se excluem, quando se encontram no mundo em pessoas diferentes. Toda a historicidade pode amar uma outra, com uma seriedade existencial própria, e sentir-se ligada a ela em um englobante.

(*La foi philosophique face à la Révélation*, pág. 536)

OS GRANDES FILÓSOFOS

45. *O que é a grandeza?*

O homem ilustre é como um reflexo da totalidade do ser, interpretável até o infinito. E seu espelho ou seu representante. Não se perde nos aspectos superficiais; deixa-se guiar pelo englobante. A sua aparição no mundo abre como que uma clareira através dele, ora como belo esplendor de um acabamento, ora como trágico insucesso, ora como calma enigmática no meio do incessante movimento que anima o mais profundo da sua vida, tornando-se assim expressão da transcendência.

A grandeza tem algo de universal, mas naquilo que uma personalidade única possui de historicamente insubstituível. Tudo o que é apenas universal é, como tal, finito, porque compreensível, abstrato, pensado. O Universo tornado real na historicidade de uma pessoa, se enraíza na inconcebível infinidade do ser real. A grandeza leva, portanto, em si a universalidade e o valor universal, mas não se dissolve no universal que traz ao mundo. Não existe muitas vezes com a mesma feição. O que um outro poderia também realizar, não é importante. O que se pode repetir de forma idêntica, aprender e refazer, conquanto necessariamente um único o haja feito primeiro, não confere a grandeza. Só o insubstituível possui grandeza.

(*Les grands philosophes*, trad. francesa, págs. 9-10)

46. *Contra a divinização do homem*

O respeito pela grandeza não é deificação do homem. Todo o homem, mesmo o mais ilustre, mais singular e valioso, continua homem. É da nossa espécie. (...)

Incumbe a filosofia – e esta é uma tarefa importante e muito particular – pôr fim, com a clareza da razão, à deificação do homem em prol do respeito pela grandeza humana.

(*Les Grands philosophes*, trad. francesa, págs. 13-14)

47. *Critérios da grandeza dos filósofos*

... No que respeita aos critérios internos, a que nos tornamos sensíveis, quando aprofundamos a filosofia dos grandes, temos:

Primeiro: Eles estão no tempo acima do tempo. Cada um, mesmo o mais respeitável, situa-se, sem dúvida, em um lugar e usa vestes históricas. Mas o sinal característico da grandeza é que ela não parece estar ligada a isso, é supra-histórica. O que eles possuem claramente de comum com os seus contemporâneos mais notáveis, se acha neles transposto, adquirindo um sentido intemporal. Grande não é só aquele que sintetiza a sua época com o seu pensamento, mas toca com isso a eternidade. Deste modo, aquilo que a sua obra e a sua vida contêm de transcendência, faz dele uma figura que, em princípio, fala a todas as épocas, a todo o ser humano.

Segundo: Todo o pensador autêntico é original, como todo o homem grande é natural e verdadeiro. Mas o pensador exímio é original na originalidade do seu caráter. Quer dizer que ele traz ao mundo uma comunicabilidade que não existia antes dele. A originalidade reside na obra, na realização criadora, que não poderá repetir-se de forma idêntica, mas que pode gerar um sucessor, tendo por base a própria origem.

A originalidade marca um salto na História. É o milagre do Novo, que, mesmo secionado, não se pode fazer derivar de seus antecedentes ou das condições de existência onde surgiu.

A originalidade não reside em uma proposta determinada, mas no espírito de onde procede e que a vincula a outras propostas. Freqüentemente o historiador descobre que as idéias essenciais do criador já haviam sido formuladas antes dele. Mas eram idéias enterradas no contexto, súbitas e momentâneas, susceptíveis de cair no esquecimento, sem que ninguém se apercebesse do seu sentido total e do seu alcance.

Terceiro: O filósofo insigne conquistou uma independência interior sem rigidez. Não é a independência do orgulho, da provocação, da doutrina fanaticamente sustentada, mas a que permite afrontar a agitação temporal e alcançar o sossego absoluto. A independência do filósofo é perpétua abertura. Ele tolera ser diferente dos outros sem o desejar. Sabe afrontar a solidão.

(*Les grands philosophes*, trad. francesa, págs. 19-20)

48. *A convivência com os filósofos*

O trato com os mortos é fonte de verdade para a nossa própria natureza, pois se trata de não perder o que já alcançamos claramente, de não soçobrar em fantasmagorias de há muito superadas, de não nos empobrecermos, deixando perecer as potencialidades que, em lida no tempo, podem conduzir o homem ao ápice das suas possibilidades; trata-se de cumprir o nosso dever com os Grandes, dando-lhes de novo a palavra, na medida das nossas forças, de nos realizarmos a nós próprios no campo luminoso do pensamento já pensado, de nos formarmos graças às aquisições da História.

49. *Temporal e supratemporal*

... É sinal da grandeza de um pensador que ele consiga tornar-se contemporâneo de todas as gerações, que ele saiba dizer o que desperta, para além de cada época, as possibilidades humanas, que ele lhes sirva de espelho, as encoraje e fortifique, ou as combata. Um pensador, que apenas fique ligado ao seu tempo e que a análise histórica parece já atingir adequadamente em sua essência, não pertence ao círculo dos Grandes.

Mas, na medida em que nenhum homem está pura e simplesmente ligado ao seu tempo, o mais pequeno de entre nós pode também, forte em sua independência, entrar nesta contemporaneidade de tipo único com os Grandes. Poderá então ouvir respostas, receber estímulos, experimentar seduções e choques. Os Grandes são seus eternos contemporâneos.

(*Les grands philosophes*, trad. francesa, págs. 39-40)

50. *Para uma filosofia universal*

A idéia de que uma filosofia universal está para nascer, é uma idéia que hoje se impõe. Mas essa filosofia não poderá encontrar a sua verdade na diluição de um devir universal, nem na repetição de um estoicismo à antiga que não seria mais que um fruto seco, nem em uma análise lingüística pragmática à maneira anglo-saxônica como aquela que hoje se difunde através do mundo. A sua verdade exige abertura à totalidade, que se revela historicamente quando as fontes vivas, jorrando de toda a parte no passado, se encontram, tornam a encontrar a sua luz.

(*Escritos póstumos*)

POLÍTICA

51. *Filosofia e política*

A Filosofia é censurada de ser alheia ao mundo, de ser irreal, e, por conseqüência, de ser, a nível político, um mero sonho, uma utopia, um disparate. Em resposta pode-se pedir que se mostrem as realidades que ela negligencia. Quem faz filosofia quer saber o que existe de fato, não despreza nada do que é real, mas, ao mesmo tempo, e acima de tudo, se recusa a trair o mais-que-real, que há de determinar também a realidade política, se esta quiser ter durabilidade, sentido e grandeza.

Os filósofos têm o seu lugar no conjunto de um povo. Querem ser ouvidos e são-no. Não sabem qual o conselho concreto a dar no momento presente, mas gostariam de contribuir com a sua forma de pensar. A prática da Filosofia aprofunda o juízo prático. "O irrealismo" da Filosofia pode mostrar ser com o tempo o realismo mais tópico. Não é preciso confundir os filósofos com os homens de Estado, que sabem o que é necessário fazer agora. Mas é preciso usar da forma de pensar dos filósofos, para que, à sua luz, em cada situação concreta, nos possamos orientar melhor no essencial. As motivações ficam mais claras, os dados reais mais definidos. Não se podem matar tais pensamentos, afirmando que eles são filosoficamente interessantes, mas que, em política, não têm cabimento. Efetivamente, eles não são objeto da política, mas seu motor.

A meu ver, a separação entre a reflexão filosófica enquanto especulativa, onírica, utópica (talvez com um encanto espiritual próprio) e a reflexão sobre a realidade, que nada teria a ver com aquela, é falsa. Não são certamente os professores de Filosofia, mas é a Filosofia que rege o mundo dos homens, seja sob uma forma alterada, cega, inconsciente, ou, ao contrário, de uma forma nobre, ordenada e clara.

Uma filosofia que teme o contato com a realidade, não tem fundamento. Uma filosofia autêntica entranha-se no real.

(*Freilheit und Wiedervereiningung*, em *Hoffnung und Sorge*, págs. 193-194)

52. *A política na Universidade.*

Se é verdade que, entre as tarefas atuais da Universidade, o estudo das *realidades políticas*, o desenvolvimento do saber e da reflexão no domínio político se revestem de particular importância, é necessário, contudo, evitar uma certa confusão. A razão de ser da Universidade exclui a política ativa da Universidade como tal. Cada estudante pode, se quiser, aderir a um partido e nele militar. Pode, na qualidade de jovem, aliar-se politicamente à juventude de todo o mundo. Mas, como estudante, não pode constituir, com outros estudantes, grupos partidários no seio da Universidade. Aqui ele estuda os partidos, em lugares politicamente silenciosos e imóveis, onde o questionamento e a pesquisa se aventuram até ao extremo, mas onde nenhuma ação política se exerce. Aqui, até os adversários políticos mais resolutos se reencontram na objetividade, deixam de ser adversários para aprender juntos, para ver mais claro, para analisar os problemas, e também para se examinar a si próprio, sempre de novo. Na Universidade, o mundo político é estudado, na sua realidade objetiva, como qualquer outro objeto susceptível de estudo. As discussões devem servir à pesquisa, não à propaganda. Em uma discussão livre, a única norma que conta é o nível espiritual, isto é, a autodisciplina crítica, a capacidade de ouvir os outros, o método de reflexão, a formação pela continuidade da vida do espírito. Em uma discussão científica não se trata de tapar a voz do outro, mas de lutar juntamente pela conquista da verdade, na busca de evidências necessárias. A função da ciência, portanto, não é a de estabelecer programas, mas de elucidar as condições, de pensamento e de fato, da política, seja ela qual for.

(*Volk und Universität* em *Hoffnung und Sorge*, pág. 56)

53. *A nossa culpabilidade*

Somos outros depois de 1933. Podíamos ter-nos exposto à morte, na desonra, em 1933, quando, traindo a Constituição, a ditadura se estabeleceu por um ato de simulada legalidade e os opositores foram varridos pela embriaguês de uma grande parte do nosso povo. Podíamos ter-nos exposto à morte, quando os crimes do regime se manifestaram publicamente em 30 de junho de 1934, – ou então na pilhagem, deportação e assassínio dos judeus, nossos amigos e concidadãos, – quando, para nossa vergonha e humilhação, inexpiáveis, (*zu unserer untilgbaren Schmach und Schande*), em 1938, em toda a Alemanha, as sinagogas – essas moradas de Deus – foram incendiadas. Podíamos ter-nos exposto à morte, quando, desde o começo da guerra, o regime violou o princípio enunciado pelo maior dos nossos filósofos, Kant, princípio que era, segundo ele, a condição do direito dos povos: em tempo de guerra é preciso abster-se de cometer atos que tornariam impossível a reconciliação ulterior dos beligerantes. Milhares de pessoas, na Alemanha, se expuseram ou encontraram a morte na resistência ao regime, a maior parte delas anônimas. Nós, os sobreviventes, não nos expusemos à morte. Quando levaram os nossos amigos judeus, nós não descemos à rua, não gritamos até que nos destruíssem. Preferimos ficar vivos, sob o pretexto débil, mas justo, de que a nossa morte não teria servido para nada. Mantemo-nos vivos, e essa é a nossa culpa. Nós sabemos diante de Deus como é profunda a nossa humilhação.

Durante estes doze anos aconteceu algo conosco que trouxe consigo como que a refundição do nosso ser. Em liguagem mítica: os demônios nos chicotearam com seus flagelos e nos lançaram em uma confusão tal que nós perdemos até a faculdade de ver e de ouvir. Adquirimos uma idéia das realidades do mundo, dos homens e de nós mesmos que não esqueceremos tão cedo. Quais as conseqüências disso em nosso pensamento, não o podemos imaginar. É um milagre o termos sobrevivido até hoje. Para além de tudo isso, o fato de estarmos com vida é resultado da nossa própria decisão. Esta requer que assumamos as conseqüências de uma vida mantida em tais condições. No meio desta desonra, a única honra que nos resta é o desejo da verdade, depois o trabalho infinitamente paciente, malgrado todos os obstáculos interiores, todos os fracassos, por tanto tempo quanto nos for dado. A vida salva e queremos merecê-la.

(*Erneuerung der Universität,* em *Hoffnung und Sorge*, págs. 32-33)

54. *Quatro modos de culpabilidade*

Distinguimos:

1) *A culpabilidade criminosa*. Os crimes são constituídos por atos objetivamente estabelecidos que infringem leis unívocas. A instância competente é o tribunal, que formula os fatos segundo processos formais e lhes aplica as leis.

2) *A culpabilidade política*. Reside em atos de homens de Estado e no fato de que, como cidadão de um Estado, devo assumir as conseqüências dos atos praticados

por esse Estado, a cujo poder estou subordinado e em cuja ordem me é possível viver. Cada indivíduo é parcialmente responsável pela maneira como o Estado é governado. A instância competente é a força e a vontade do vencedor, em política interna como externa. *É o sucesso que decide.* Pôr-se-á um freio à arbitrariedade e à violência por meio da sabedoria política, porque se pensa nas conseqüências mais remotas e porque se reconhece o valor das normas impostas em nome do direito natural e do direito dos povos.

3) *A culpabilidade moral.* Os atos que pratico são sempre, em última instância, individuais, e sou por eles moralmente responsável; isto é verdadeiro em relação a todos os meus atos, mesmo políticos e militares. A fórmula "ordem é ordem" (Befehl ist Befehl) não pode nunca ter um valor decisivo. Crime é crime, mesmo que seja ordenado (embora, segundo o grau de perigo, de coação tirânica e de terror, se possa admitir circunstâncias atenuantes), e, do mesmo modo, todo o ato continua igualmente sujeito ao juízo moral. A instância competente é a consciência individual, a comunicação com o amigo e o próximo, com o irmão humano capaz de amar e de se interessar pela minha alma.

4) *A culpabilidade metafísica.* Existe entre os homens, pelo fato de o serem, uma solidariedade em virtude da qual cada um se acha co-responsável por toda a injustiça e todo o mal que se cometem no mundo, e, em particular, pelos crimes cometidos em sua presença ou com o seu conhecimento. Se não faço o que posso por impedi-los, sou cúmplice. Se não arrisquei a vida para impedir o assassínio de outros homens, se fiquei quieto, eu me sinto culpável em um sentido que não pode ser compreendido de forma adequada, nem jurídica, nem política, nem moralmente. O eu viver ainda, após se haverem passado tais acontecimentos, pesa sobre mim como uma culpabilidade inexpiável. Como homens, se a sorte não nos poupa de tal situação, nós nos sentimos empurrados para o limite, onde é forçoso escolher: ou arriscamos a nossa vida no absoluto, sem fim porque sem perspectiva de sucesso, ou então preferimos continuar a viver, pois o sucesso foi posto de lado. Por vezes, no mais fundo das relações humanas, se levanta uma exigência absoluta: em caso de ataque criminoso ou de condições de vida que ameaçam o ser físico, ou vivem todos ou não vive ninguém; é isso que faz a própria substância da alma humana. Mas não acontece assim nem na comunidade dos homens, nem entre os concidadãos de um Estado, nem mesmo no seio de grupos mais pequenos; a solidariedade continua limitada aos laços humanos mais estreitos, e é isso que constitui a culpabilidade de todos nós. A instância competente é Deus unicamente.

(*La culpabilité allemande*, trad. francesa, págs. 59-62)

55. *Princípios de uma política de paz*

A paz mundial repousará nos seguintes princípios:

1) A validade dos tratados é reconhecida de há tão longo tempo que estes não foram modificados por novas negociações. Submetemo-nos às instâncias jurídicas competentes, por muito profundas que sejam as divergências de opinião. Mas, assim como um Estado não pode acabar com a política, assim também a ordem jurídica criada pelos Estados para uma vida comum em paz não pode renunciar à força. Como é que esta força, como força comum, há de estar constituída e subordinada à instância jurídica, eis o grande problema.

2) A preeminência da idéia do direito exige, como conseqüência, a renúncia à soberania absoluta. Isso implica o reconhecimento das decisões tomadas por maioria de votos pelas autoridades competentes e a renúncia ao direito de veto. Não obstante, fica sempre a possibilidade de reconsiderar qualquer decisão de uma instância competente, de a reexaminar, depois de algum tempo, e de a submeter de novo a negociações, com vistas a uma decisão eventual diferente. A criação de autoridades supranacionais, estabelecidas pelos Estados e dispondo igualmente de um poder considerável, é outro problema.

3) Propriamente falando, o ato que estabeleceria a paz, consistiria em permitir a circulação limitada da informação, depois o debate livre e público das inteligências, sem a intervenção da censura em qualquer dos dois domínios. Se se quiser encontrar as melhores soluções, torna-se indispensável uma abertura tão ampla quanto o mundo. Poder-se-ia realizar sem dificuldades maiores.

4) Cada Estado é atingido de algum modo pelo que se passa no interior dos outros Estados. Toda a violação do Direito provoca a reprovação do mundo inteiro. A reparação de uma violação cometida dentro de um Estado – por exemplo, se os Direitos do homem são lesados – pode efetuar-se pelo recurso às autoridades supranacionais competentes.

5) As fronteiras e os tratados políticos herdados do passado, podem ser revistos. Os povos subjugados que quiserem reencontrar a liberdade, hão de poder fazê-lo pelo recurso a uma autoridade supranacional. A vontade popular se manifesta mediante escrutínios livre e secreto.

(*Die Atombombe und die Zukunft der Menschen,* em *Hoffnung und Sorge*, págs. 157-158)

56. *Paz, liberdade, verdade*

Não quero falar de política de paz enquanto política mundial, mas só das suas condições. Primeiro: nenhuma paz exterior pode ser garantida entre os homens sem a paz interior. Segundo: não existe paz sem liberdade. Finalmente: não há liberdade sem verdade.

1. *Não há paz exterior sem paz interior*

... A paz começa em casa. A paz mundial começa na paz interior dos Estados. Na luta política pelo poder, é necessário que desapareça o espírito de agressividade, sempre pronto a recorrer à violência. A agressividade na política interior torna impossível, também a paz em política exterior.

2. *A paz só com liberdade*

Mas o que é a liberdade? A liberdade exterior de um Estado e a liberdade interior pela forma de governar não têm substância senão pela liberdade existencial de cada ser humano. Daí as ambigüidades do termo "liberdade": até mesmo um Estado despótico pode gozar de liberdade política no exterior; até um povo composto de homens sem liberdade interior pode gozar de uma Constituição democrática e livre.

A liberdade começa pela liberdade individual, toma forma social no regime republicano, afirma-se contra a opressão dos Estados estrangeiros. Atua-se no conjunto destes três momentos.

Primeiro a liberdade, depois a paz no mundo! A inversa: "primeiro a paz, depois a liberdade" é engano. Porque uma paz exterior momentânea, devida ao acaso, ao despotismo, a uma ação hábil ou ao temor dos interessados, não tem sua base alicerçada no homem. A agressividade que existe realmente na ausência de liberdade nos indivíduos, depressa a fará desembocar novamente na guerra.

A democracia, como simples forma constitucional, não é ainda liberdade. Pode deixar curso livre à arbitrariedade e à libertinagem. Uma democracia bruscamente introduzida, sem ter sido instaurada pelo povo que, conseqüentemente, não a compreenderá, não representa para este povo senão a possibilidade de adquirir o ideal da democracia e de vir a ser assim um povo livre nos cidadãos. Uma liberdade meramente formal se perde com facilidade. Quando as lutas entre partidos destroem os laços de solidariedade e desencadeiam um processo suicida, o Estado livre não é mais que uma decoração que pode ser derrubada a qualquer instante, com os políticos e os partidos. Uma democracia puramente formal engendra por si a dominação total, de modo que Hitler podia legitimamente exultar: "Abati-os em sua própria loucura".

3. *A liberdade só com a verdade*

Mas a liberdade não surge do nada. Não significa o arbitrário, a possibilidade de ter esta ou aquela opinião. Não é plena senão naquele que se devotou à verdade.

Não há paz sem liberdade, mas também não há liberdade sem verdade. É indiscutível. A liberdade é vazia, enquanto não visa à verdade da qual jorra e à qual há de servir.

O que é a verdade? Desde a antiguidade os filósofos não deixaram nunca de tratar "da verdade". Modernamente têm aprofundado em sua problemática, em sua dialética e inversão, até ao paradoxo de afirmarem que a não-verdade poderia talvez converter-se em um momento da verdade. Quando se trata de atualizar a nossa verdade, estamos sempre a caminho. Ninguém a possui; todos a buscamos.

Se quisermos a liberdade e a paz, havemos de nos reencontrar em um espaço de verdade, a qual deverá ser colocada acima de todos os partidos e pontos de vista, acima das nossas decisões e resoluções. Quando nos tornamos livres e desejamos a verdade, voltamos sempre a este espaço comum, onde nos mantemos unidos uns aos outros, mesmo sendo adversários.

A verdade não está, em primeiro lugar, em um conteúdo, mas na maneira como ele é pensado, demonstrado e discutido: está no modo de pensar, na razão. (*Wahrheit, Freiheit und Friede,* em *Hoffnung und Sorge*, págs. 174-176).

HISTÓRIA

57. *Por que existe a História?*

Porque o homem é finito, inacabado e inacabável, deve, em sua transformação através dos tempos, adquirir consciência do eterno, o que só é possível por esta via. Sua condição de inacabado e sua historicidade são uma e a mesma coisa. Os limites do ser humano excluem certas possibilidades: ele não pode ter na terra a perenidade de uma situação ideal. Não há homens perfeitos. Não há uma organização no mundo que se possa dizer boa. As situações definitivas e permanentes só são possíveis, quando tornamos ao curso da natureza. Devido ao inacabado de tudo quanto pertence à História, é necessário que tudo mude sem cessar. A História, por si, não pode acabar nunca. Só pode acabar em conseqüência de um revés interno ou de uma catástrofe cósmica.

... A História é concomitantemente acontecimento e consciência interior dos acontecimentos, história e conhecimento da história. É cercada de abismos. Caindo no abismo, deixa de ser História. Vamos resumir e sublinhar o que ela significa para a nossa consciência:

1) A História tem limites que a distinguem de outras realidades, da natureza e do universo. Em torno dela se estende o espaço ilimitado do que é em geral (*des Seienden überhaupt*).

2) A História se estrutura internamente pela transformação da simples realidade individual e do que desaparece ininterruptamente. Só se converte em História pela unidade do geral e do individual, mas põe em evidência a naturea absolutamente individual do sentido indispensável, esse único-geral (*ein Einzig-Allgemeines*). Ela é transição e passagem enquanto realização do ser.

3) A História converte-se em Idéia de uma totalidade pela pergunta: onde reside a unidade da História?

Os abismos de História: a natureza exterior a ela e que é o seu fundamento vulcânico; – o caráter transitório e evanescente de tudo o que se manifesta em seu seio; – a dispersão sem fim através da qual a sua unidade, sempre aleatória, tende a refazer-se; – estes abismos, quando os vemos, em plena consciência, reforçam o nosso juízo da verdadeira historicidade.

(*Vom Ursprung und Ziel der Geschichte*, págs. 224-225)

58. *O período axial*

A filosofia da História, no Ocidente, está fundada na fé cristã. Nas obras grandiosas dos filósofos, de Santo Agostinho a Hegel, vemos como esta fé reconhece as intervenções de Deus no devir da História. As gestas de Deus na Revelação assinalam etapas decisivas. Assim Hegel afirmava também: Toda a História caminha em direção a Cristo e é dele que ela parte; a aparição do Filho de Deus é o eixo da História universal. A nossa cronologia atesta cada dia essa estrutura cristã da História universal.

Mas a fé cristã é *uma* fé, não é *a* fé da humanidade. Tal visão de História universal apresenta o defeito de ser válida só para os crentes cristãos. Todavia, estes, mesmo no Ocidente, não ligaram o seu conceito da história empírica a esta fé. Um artigo de fé não exprime para os mesmos uma evidência empírica, concernente ao curso efetivo da História. A história sagrada tem a seus olhos um outro significado que o da história profana. É uma história separada. Isso lhes permite analisar a tradição cristã como analisam outros dados empíricos.

O eixo da História, se existe, deveria ser descoberto, empiricamente, como um dado fatual cujo valor pudesse ser reconhecido por todos os homens, incluídos os cristãos. Ele se situaria lá onde se viu surgir o que caracteriza desde então as possibilidades humanas, lá onde, com fecundidade prodigiosa, a condição humana se manifestou e tomou forma para o Ocidente, para a Ásia e para os homens de toda a parte, sem que interviesse a norma de um credo determinado, sem que se impusesse de forma necessária, e sim convincente, uma evidência empírica baseada em dados reais. Desta maneira, seria criado para todos os povos um quadro comum que lhes permitiria compreender a própria historicidade. Ora, este eixo da História parece situar-se em torno do ano 500 antes de Jesus Cristo, no processo espiritual que se desenrolou do ano 800 ao ano 200. É aí que se encontra a mais profunda divisão da História. Nasceu então o homem com quem convivemos ainda hoje. É este o período que designamos, brevemente, como "período axial".

Características do período axial. Aconteceram então coisas extraordinárias. Na China vivem Confúcio e Lao-Tseu, surgem todas as orientações da filosofia chinesa, Mo-Ti, Tchuang-Tsen, Lie-Tsen, e outras mais, inumeráveis; – na Índia, são compostos os Upanichades, é o tempo de Buda, é como na China exploram-se todas as possibilidades filosóficas, inclusive as do cepticismo e materialismo, do sofismo e do niilismo; – no Irã, Zaratustra revela a visão provocante de um universo onde se confrontam o bem e o mal; – na Palestina, se erguem os profetas Elias, Josué, Jeremias até ao Dêutero–Josué; – a Grécia escuta Homero, os filósofos Parmênides, Heráclito e Platão, os trágicos Tucídides e Arquimedes. Tudo o que estes nomes apenas sugerem, se desenvolveu durante esses séculos, quase contemporaneamente, na China, na Índia e no Ocidente, sem que uns soubessem nada acerca dos outros.

A novidade desta época é, nesses três universos, a consciência que o homem adquire do ser em sua totalidade, de si mesmo e dos seus limites. Faz a experiência da fecundidade do mundo e da sua própria impotência. Formula questões essenciais. Em face do abismo, busca a sua libertação e salvação. Ao mesmo tempo que a consciência lhe revela os seus limites, ele se atribui os fins mais elevados. Faz a experiência do absoluto no profundo de seu ser (*Selbstsein*) e na claridade da transcendência.

Tudo isto é resultado da reflexão. A consciência, voltada sobre si mesma, torna-se consciência de si, o pensamento reflete sobre o pensamento. Começaram então as lutas do espírito, o convencimento do outro por meio do raciocínio, dos argumentos e das experiências. Ensaiam-se possibilidades contraditórias. A discussão, a formação de partidos, a divisão dos espíritos cujas posições contraditórias continuavam a visar-se mutuamente, tudo isso gerou uma inquietação e uma agitação que atingiram as raias do caos espiritual.

Foi neste caos que se produziram as categorias fundamentais que ainda hoje nos servem para pensar; foi então que foram lançados os alicerces das grandes religiões do mundo, em que os homens vivem ainda hoje. Em todos os sentidos do termo, é o limiar do universal.

Após esta evolução, os conceitos, os costumes, as situações, até então dominantes sem que ninguém se conscientizasse disso, foram questionados e invalidados. Tudo se foi no turbilhão. A substância da tradição, embora ainda viva e efetiva, foi esclarecida em suas manifestações e transformada.

(*Vom Ursprung und Ziel der Geschichte*, págs. 14-15)

59. *A unidade impensável da História*

Uma unidade acabada não se deixa projetar no ideal de forma clara e sem contradição. Essa unidade não se pode atuar nem como homem completo, nem como organização perfeita do mundo, e muito menos como compreensão recíproca e acordo definitivo entre homens, doravante profundamente abertos uns aos outros. O Uno é acima de tudo o alvo infinitamente longínquo, ao mesmo tempo origem e fim", é o Uno da transcendência. Como tal não se pode alcançar, não poderá tornar-se propriedade exclusiva de uma fé histórica, que teria então o direito, como única verdade absoluta, de se impor a todos.

Se a História universal, em conjunto, vai do Uno que é sua origem ao Uno que é o seu fim, resulta daí que o que nos é acessível se encontra no intervalo entre esses extremos. As unidades se formam, os homens buscam a unidade com paixão, depois, com igual paixão, quebram as unidades já formadas.

Deste modo, a unidade mais profunda se releva ao nível de uma religião invisível, reino dos espíritos que se encontram e se pertencem mutuamente, reino escondido da abertura do ser na simplicidade (*Eintracht*) das almas. Mas historicamente, é o movimento que, sempre entre o começo e o fim, não atinge nunca o seu verdadeiro sentido, nem coincide nunca com ele.

(*Vom Ursprung und Ziel der Geschichte*, pág. 253)

60. *Passar além da História?*

O conceito da História em sua totalidade conduz ao mais além da História. A unidade da História já não é História. Compreendê-la é já elevar-se acima da História, rumo a essa origem, que é a única capaz de fazer que a História chegue a ser unidade e totalidade. Mas este impulso tendente à transposição da História até atingir a sua unidade, continua sendo uma tarefa ao longo da História. Não possuímos o conhecimento da unidade; mas, na medida em que vivemos dela, vivemos, na História, trans-historicamente.

Todo o impulso tendente à transposição de História resultará ilusório, se abandonarmos o terreno que lhe é próprio. O paradoxo fundamental da nossa existência, o de não podermos passar além do mundo senão vivendo nele, repercute, na consciência histórica, que se ergue para um mais além da História. Não há nenhum caminho que permita contornar o mundo, é forçoso passar através deles: não há nenhum caminho que permita contornar a História, todos passam por ela.

(*Vom Ursprung und Ziel der Geschichte*, págs. 262-263)

61. *TEXTO NECROLÓGICO ESCRITO POR KARL JASPERS*

Karl Jaspers nasceu em Oldenburg, a 23 de fevereiro de 1883. Deve aos seus progenitores uma educação séria e um amor que o envolveu para sempre; no liceu, uma formação humanística; na Universidade; o acesso à universalidade da pesquisa científica. Gozou do nobre privilégio de poder viver na liberdade, como professor que se assinalava os próprios deveres. Pelo ensino, ele contribuiu com a sua parte para a continuidade da tradição, apoiando-se confiadamente no sentido da Universidade do Ocidente. A maravilhosa cidade de Heidelberg, a venerável cidade de Basiléia, foram os lugares onde se esforçou, na pobre medida das suas forças, por desempenhar sua tarefa.

Tudo o que lhe foi dado realizar, não poderia tê-lo feito sem sua esposa, Gertrud Mayer. Desde o tempo de estudante, ela o rodeou de um amor sem limites, não consentindo a insinceridade, firme em suas exigências. Como se se tivessem encontrado neste mundo vindos de um outro inimaginável, como se se recordassem sem o saber, eles viveram, com uma gratidão infinita, a realidade quotidiana da sua vida, ao longo dos anos instáveis, por mais de meio século. Foi nesta existência em comum que cresceu a pesquisa filosófica, cujo germe estava presente desde os anos da escola, mas que desabrochou então e se tornou vocação para ambos.

Intimamente unidos, suportaram juntos a pena da doença, de que, após a juventude, ele não deixou mais de sofrer. Depois vieram os doze anos de angústia sob o nacional-socialismo. Miraculosamente protegidos, passaram pelo meio das forças temíveis.

A perda da sua pátria política precipitou-o em um abismo sem fundo, do qual só escapou, com a sua esposa, graças à origem comum de toda a condição humana, à amizade de alguns seres amados, na Alemanha ou dispersos pela face da terra, graças, enfim, ao sonho de uma cidadania mundial por vir.

Acolhido em Basiléia, na tradição européia, na liberdade, encontrou ali um asilo tranqüilo. Foi essa a última dádiva que recebeu. No correr destes anos, dedicou todas as suas forças ao prosseguimento do seu trabalho filosófico, em si mesmo inacabável. Por este trabalho, inspirado mais em uma antecipação tateante do que em um saber já adquirido, experimentando os pensamentos sem possuir certezas, ele queria prestar o seu contributo na tarefa própria deste século: encontrar o caminho que conduz, do termo da filosofia européia, à futura filosofia mundial.

(*Basler Universitätsreden*, caderno 60, págs. 3 e 5)

IV. BIBLIOGRAFIA

ORIENTAÇÃO BILBIOGRÁFICA

Duas obras fundamentais, de cerca de 1000 páginas cada:
Philosophie, 3 volumes, Berlim, 1932.
4ª edição 1973.
Von der Wahrheit. Lógica filosófica. 1º volume, Munique, 1947. 2ª edição 1958.
Recomendam-se ainda os títulos seguintes:
Psychologie der Weltanschauungen. Berlim 1919. 6ª edição 1971.
Die Idee der Universität. Berlim 1923.
Edição refundida Berlim/Heidelberg 1946.
Edição refundida, com Kurt Rossmann, Berlim/Göttingen/Heidelberg 1961.
Vernunft und Existenz. 5 conferências, Groningen 1954. 2ª edição 1954.
Die Frage der Entmythologisierung. Munique 1954. 2ª edição 1954.
Der philosophische Glaube angesichts der Offenbarung. Munique 1962. 2ª edição 1963.
Gesammelte Schriften zur Psychopathologie. Berlim/Göttingen/Heidelberg 1963.
Nikolaus Cusanus. Munique 1964.
Allgemeine Psychopathologie, Berlim 1913
Descartes un die Philosophie Berlim, 1937.
Die Schuldfrage, Heidelberg, 1946.
Nietzsche und das Christentum, Hameln, 1946.
Nietzsche. Einführung in das Verständnis seines Philosophierens, Berlim, 1936.
Einführung in die Philosophie, Zurique, 1950.
Die geistige Situation der Zeit, Berlim, 1931.
Der philosophische Glaube, Munique, 1948.
Strindberg und van Gogh, Berna, 1922. Bremen, 1949.
Vernunft und Widervenunft in unserer Zeit, Munique, 1950.
Vom Ursprung und Ziel der Geschichte, Zurique, 1949.
Rechenschaft und Ausblick, Munique, 1951.
Die Atombombe und die Zukunft des Menschen, in *Die Gegenwart*, 1956.
Freicheit und Wiedervereinigung. Uber Aufgaben deutscher Politik, Munique, 1960.

Die Atombombe und die Zukunft des Menschen. Politisches Bewusstsein in unserer Zeit, Munique, 1958.
Philosophische Autobiographie, Stuttgart, 1957.
Die grossen Philosophen, Munique, 1957.
Kleine Schule des philosophischen Denkens, Munique, 1965.
Philosophische Aufsätze, Frankfurt-Hamburgo, 1967.
Der philosophische Glaube angesichts der christlichen Offendarung, Basiléia-Stuttgart, 1960.

ESCOPO EDITORA